Iniciação na fé

Dados Internacionais de Catalogação na Publicação (CIP)
(Câmara Brasileira do Livro, SP, Brasil)

Haenraets, Paulo
    Iniciação na fé : preparação para a Primeira Eucaristia : 2ª etapa, catequizando / Paulo Haenraets. 11. ed. – Petrópolis, RJ : Vozes, 2014.

7ª reimpressão, 2025.

ISBN 978-85-326-2875-6
Bibliografia.

    1. Catequese familiar 2. Primeira Comunhão – Estudo e ensino I. Título.

03-2141   CDD-264.36

Índices para catálogo sistemático:
1. Primeira Eucaristia : Preparação para o sacramento : Cristianismo   264.36

Pe. Paulo Haenraets

INICIAÇÃO na fé

Preparação para a Primeira Eucaristia

2ª etapa
CATEQUIZANDO

Petrópolis

© 2003, Editora Vozes Ltda.
Rua Frei Luís, 100
25689-900 Petrópolis, RJ
www.vozes.com.br
Brasil

Todos os direitos reservados. Nenhuma parte desta obra poderá ser reproduzida ou transmitida por qualquer forma e/ou quaisquer meios (eletrônico ou mecânico, incluindo fotocópia e gravação) ou arquivada em qualquer sistema ou banco de dados sem permissão escrita da editora.

Conselho editorial	Produção editorial
Diretor	Anna Catharina Miranda
Volney J. Berkenbrock	Bianca Gribel
	Eric Parrot
Editores	Jailson Scota
Aline dos Santos Carneiro	Marcelo Telles
Edrian Josué Pasini	Mirela de Oliveira
Marilac Loraine Oleniki	Natália França
Welder Lancieri Marchini	Priscilla A.F. Alves
	Rafael de Oliveira
Conselheiros	Samuel Rezende
Elói Dionísio Piva	Verônica M. Guedes
Francisco Morás	Vitória Firmino
Teobaldo Heidemann	
Thiago Alexandre Hayakawa	
Secretário executivo	
Leonardo A.R.T. dos Santos	

Editoração e org. literária: Fernando Sergio Olivetti da Rocha
Ilustrações: Gustavo Montebello
Coordenação editorial: Marilac Loraine R. Oleniki
Capa: Monique Rodrigues e Marta Braiman

ISBN 978-85-326-2875-6

Este livro foi composto e impresso pela Editora Vozes Ltda.

Sumário

Apresentação, 7

Recado para você, 9

Quem sou eu?, 11

Encontro de introdução – Vocação e educação, 13

Parte I – História da salvação, 19

    1. A Bíblia: Palavra de Deus, 21
    2. Criação, obra de Deus, 26
    3. Pecado, uma realidade no mundo, 29
    4. Abraão, o pai da nossa fé, 33
    5. Patriarcas, homens guiados por Deus, 37
    6. Moisés, chamado por Deus, 41
    7. Deserto, lugar de formação do povo de Deus, 46
    8. Aliança, sinal do amor de Deus, 51
    9. Algumas pessoas importantes: juízes, reis, profetas, 60
    10. O Messias, a esperança do povo, 65
    11. Maria e o nascimento de Jesus, 68
    12. Sermão da montanha, ideal do homem novo, 73
    13. As parábolas do Reino, 80
    14. Milagres, sinais de salvação, 84
    15. Oração, água viva para o ser humano, 89
    16. Paixão e morte de Jesus, 96
    17. Ressurreição e ascensão de Jesus, 100
    18. O Espírito Santo, dom de Deus, 106
    19. A Igreja, continuação da obra de Jesus Cristo, 110
    20. Vida eterna, a vida em Deus, 115

Parte II – Os sacramentos, 123

    1. Sacramentos, sinais de Jesus Cristo no caminho, 125

2. Batismo, um novo nascimento, 130
3. Confirmação, a força do Espírito Santo, 136
4. Eucaristia, a Páscoa de Jesus, 142
5. Eucaristia, celebração da Páscoa hoje, 148
6. Matrimônio, sacramento da aliança, 155
7. Ordem, sinal do Bom Pastor, 160
8. Unção dos Enfermos, sacramento de salvação, 165
9. Penitência, a conversão contínua, 170

Parte III – Conhecimentos importantes para crescer na fé, 175
    Diversos, 177
    Sugestão para fazer exame de consciência, 181

Carta conclusiva, 183

Bibliografia, 185

Apresentação

Com satisfação apresentamos o livro de catequese *Iniciação na Fé – Preparação para Primeira Eucaristia – 2ª etapa – Catequizando.*

A catequese familiar, como uma forma de catequese de adultos, é reconhecida cada vez mais pela sua importância no conjunto do trabalho catequético da Igreja do Brasil.

A contribuição específica deste livro é o diálogo com os pais, que é o alicerce do encontro com Deus e é o ambiente natural dos filhos. Assim este trabalho se torna, verdadeiramente, catequese familiar.

Além do diálogo em família, este livro é baseado na escuta da Palavra de Deus, num contexto que ajuda o catequizando a perceber a presença e a ação de Deus no seu dia a dia. As celebrações e as atividades têm como objetivo levá-lo a refletir e valorizar esta presença nas diversas situações de sua vida, levando-o, naturalmente, a uma mudança de vida.

Oxalá todas as famílias do nosso Brasil despertem em seus filhos a semente do amor de Deus.

A toda esta dedicada equipe da Paróquia de São Judas Tadeu, coordenada pelo Pe. Paulo Haenraets, que realizou este trabalho de catequese familiar, as bênçãos de Deus.

D. Eduardo Koaik
Bispo diocesano de Piracicaba

Recado para você!

Foi pensando em seu crescimento no amor, na fé e na confiança em Deus, que nós, com muito amor e carinho, escrevemos este livro. Com ele esperamos que você se prepare para viver em profunda união com Jesus por toda a sua vida e aprenda muitas coisas importantes sobre a vida cristã e o relacionamento humano.

No decorrer deste ano, você terá a oportunidade de conhecer melhor a Deus e entender o quanto Ele o ama! Você será convidado a pensar, a expressar as suas ideias e experiências, a trabalhar em grupo, a dialogar com seus pais. Descobrirá, por meio dos ensinamentos de Jesus, como Deus Pai é bom e maravilhoso e deseja que você seja sempre feliz!

Desejamos que você acolha a fé que seus pais e seu catequista irão lhe transmitir com amor.

Que o seu desejo de receber Jesus na Eucaristia cresça dia a dia e sua Primeira Eucaristia seja o início de uma vida eucarística, onde Jesus e sua Palavra se tornem seu alimento diário.

Um abraço de toda equipe de catequistas, a Dirleni, Neide e Tereza, que elaborou este livro e deseja que você seja muito feliz.

Pe. Paulo Haenraets
Pároco de São Judas Tadeu
Piracicaba, SP

Quem sou eu?

Querido catequizando, esta página você deve preencher com seus dados pessoais para que seu catequista possa lhe conhecer melhor:

Nome: _____

Data de nascimento: _____ / _____ / _____

Cidade onde nasci: _____

Nome do pai: _____

Nome da mãe: _____

Nome dos irmãos: _____

Data do batismo: _____ / _____ / _____

Igreja onde fui batizado: _____

Sacerdote/diácono/ministro que me batizou: _____
_____

Nome do padrinho: _____

Nome da madrinha: _____

Pertenço à Paróquia: _____

Frequento a igreja (Comunidade): _____

Nome(s) do(s) padre(s) da minha Paróquia: _____
_____

Nome do bispo desta diocese: _____

Nome do meu catequista: _____

Fone: _____

Dia dos encontros de catequese: _____

Horário: das _____ às _____ horas

Nome do(a) catequista dos meus pais: _____
_____

Fone: _____
Nome da Escola onde estudo: _____
Série: _____ Período: _____

Meu endereço
Rua: _____ N°: _____
CEP: _____ Cidade: _____
Estado: _____ Fone: _____

Encontro de introdução
Vocação e educação

Vocação é o chamado de Deus. Ao nascer, cada um de nós tem uma missão: realizar a vontade de Deus. Quando acolhemos os seus ensinamentos, certamente estamos realizando a sua vontade em nossa vida, cumprindo assim a nossa missão.

Vejamos como Deus chamou Samuel:

Samuel foi um menino que viveu antes de Jesus. Sua história está no Antigo Testamento. Seu pai chamava-se Elcana e sua mãe, Ana. Desde menino Samuel servia a Deus na presença do sacerdote Eli.

Certa noite, Samuel estava quase dormindo quando ouviu uma voz que o chamava: "Samuel, Samuel". Ele ouviu várias vezes esta voz e precisou da ajuda de Eli para entender que o próprio Deus o chamava.

Compreender o chamado de Deus e responder fielmente a Ele é uma tarefa que dificilmente conseguiremos cumprir sozinhos. Assim como Eli ajudou Samuel, nós precisamos sempre de ajuda dos outros para vivermos bem.

Neste sentido os pais devem ser os primeiros a educar e orientar os filhos. Assim como acontece com uma plantinha que é preciso regar, colocar uma haste, amarrar, proteger, podar..., os pais devem ensinar, orientar, corrigir, pôr limites... para que o filho seja bem-educado.

Os que não educam ou orientam seus filhos cometem o pecado da omissão que pode ter graves consequências, como podemos ler na história de Eli e a vocação de Samuel. "Tu lhe anunciarás que eu condeno a sua casa para sempre, porque ele sabia que os seus filhos ofendiam a Deus e não os repreendeu" (1Sm 3,13).

Hoje somos chamados a servir a Deus, ouvindo e obedecendo os nossos pais e participando da nossa comunidade, realizando assim a vontade do Pai.

No mundo há muitas coisas certas e erradas. Precisamos perceber o que está errado, cultivando as coisas boas e ouvindo a voz de Deus como fez Samuel.

Celebração

– Você é convidado a ouvir a proclamação do primeiro livro de Samuel 3,1-14 para, em seguida, refletir e partilhar a Palavra de Deus.

Atividades

1) No texto bíblico, vimos como Deus chamou Samuel. Hoje, Deus continua chamando as pessoas de diferentes maneiras. Neste momento, expresse, por meio de desenho, como aconteceu o seu chamado à catequese:

2) Participe com seus colegas de catequese da dinâmica do relógio que seu catequista irá lhe propor e, depois, complete a frase: Para ouvir a voz de Deus é preciso: _____

3) Em equipe, seguindo a orientação do seu catequista, cada grupo vai elaborar um cartaz com um dos temas abaixo:

- Atitudes de educação em casa
- Atitudes de educação na catequese
- Atitudes de educação na escola
- Atitudes de educação na Igreja

4) Observe, atentamente, cada cartaz e, junto com seu catequista, construa as atitudes da boa educação de um cristão/cidadão:

_____
_____
_____
_____
_____
_____
_____
_____
_____
_____
_____

Compromisso do encontro

1) Anote, resumidamente, o que você pôde aprender neste encontro em relação à vocação e educação.

_____
_____
_____
_____
_____
_____
_____

2) Uma pessoa que se habitua a cultivar boas atitudes de convivência consegue viver sua vocação de bom filho e bom cristão na família e na sociedade. Propomos:

- Leia, atentamente, as atitudes que escreveu com seus colegas e com o catequista e se esforce para cumpri-las.
- Reserve dez minutos durante três dias desta semana e leia Eclo 3,1-10. Anote o que você conseguiu entender e o que Deus lhe falou:

1º dia:
___
___

2º dia:
___
___

3º dia:
___
___

Diálogo com a família

– Converse com seus pais e pergunte-lhes qual o tipo de educação que receberam.

Descreva, no espaço seguinte, as *semelhanças* entre a sua educação e a de seus pais:
___
___
___
___
___
___
___

– Pergunte a eles como descobriram a sua vocação profissional, de cristão... E como eles se sentem realizando-a:

Pai:

Mãe:

PARTE I

História da salvação

1

A Bíblia: Palavra de Deus

A Bíblia é a Palavra de Deus dirigida a todas as pessoas. É Deus mesmo se comunicando conosco para nos animar e orientar na caminhada cristã.

Este precioso livro relata a história do povo que experimentou em sua vida o poder forte da mão de Deus, aprendendo assim a viver conforme o desejo do Pai. Este povo somos nós hoje; enfrentando as mesmas dificuldades e vencendo-as pelo poder de Deus. Assim, de geração em geração, a Palavra de Deus mantém o povo na caminhada.

A Bíblia Sagrada é o livro mais lido e mais conhecido do mundo inteiro. A palavra Bíblia vem da língua grega e quer dizer: "coleção de livros", ou "biblioteca", sendo dividida em duas partes: *Antigo Testamento* e *Novo Testamento*.

O *Antigo Testamento* foi escrito antes da vinda de *Jesus*. Ele é formado de 46 livros, entre os quais: Gênesis, Êxodo, Salmos, Profetas... Que tal escrever ainda os nomes de outros livros do Antigo Testamento que você conhece?

_____
_____
_____
_____

Iniciação na fé – Preparação para a Primeira Eucaristia (catequizando)

O *Novo Testamento* foi escrito depois da vinda de *Jesus*. Ele é formado por 27 livros, que são: os Quatro Evangelhos (Mateus, Marcos, Lucas e João), os Atos dos Apóstolos, as Cartas dos Apóstolos e o Apocalipse.

Para ler a Bíblia é preciso aprender que cada livro se divide em capítulos, representados pelos números maiores, e versículos, que são identificados pelos números menores e estão distribuídos no meio de cada capítulo.

A Bíblia é o livro mais importante para nós cristãos e, por isso, é necessário que toda família a leia, para reconhecer a mensagem de Deus presente em sua vida.

Celebração

– Agora, de maneira solene, você é convidado a acolher a Bíblia trazida por um colega, enquanto todos cantam com alegria.

Canto: *Procissão da Bíblia* (Ir. Míria T. Kolling – CD Adoremos/95)

Quero levar esta Bíblia,
Ir cantando em procissão,
Ir feliz como quem leva,
A luz do céu em suas mãos.

Ergo bem alto esta Bíblia.
Ei-la entre nós e o bom Deus
É bênção que à Terra desce
É prece que sobe aos céus.

Quero nas mãos este livro.
Vou levá-lo onde for.
Eu o levo pela vida,
E ele me leva ao Senhor.

Quero beijar esta Bíblia,
Como beijo sempre sim,
Mão de pai que me abençoa,
E mãe sorrindo para mim.

Quero deixar este livro,
Qual um coração no altar,
Coração de Deus aberto,
Ansioso por se revelar.

– Neste momento, ouça com atenção a proclamação do Evangelho de Jesus Cristo narrado por Lucas 8,4-15, para, em seguida, refletir e partilhar a Palavra de Deus.

Parte I – História da salvação

Atividades

1) Após ter ouvido, refletido e partilhado o evangelho de Lucas com seus colegas, expresse, com suas palavras, qual é o ensinamento desse evangelho para sua vida:

_____

_____

_____

2) Seguindo as orientações do seu catequista, você participará da dinâmica da cebola. Depois desenhe, no espaço a seguir, o que aprendeu por meio dela e escreva uma frase que explique o significado do seu desenho.

Significado do desenho:

_____
_____
_____

3) Com a orientação do catequista construir, em dupla, um acróstico para a palavra DEUS, com versículos que vocês pesquisarão na Bíblia:

_____
_____
_____
_____
_____
_____
_____
_____
_____
_____
_____
_____
_____
_____

Compromisso do encontro

1) Escreva, com suas palavras, o que de mais importante você aprendeu em relação à Palavra de Deus:

_____
_____
_____

2) É importante amarmos e respeitarmos a Bíblia, pois ela é a Palavra de Deus. Propomos:

• A partir de hoje, procure dar um lugar de destaque para a Bíblia em sua casa e, principalmente, em sua vida.

Parte I – História da salvação

- Assinale com X de que maneira você mais gosta de ler a Bíblia?

    ☐ Sozinho   ☐ Com algum amigo
    ☐ Com seus pais   ☐ Outros

- Em tudo o que lemos, sempre se destaca algo que gostamos mais. Leia Mt 19,16-22 e anote o versículo que você mais gostou:

_____
_____
_____
_____

Diálogo com a família

- Conte para seus pais o que você aprendeu neste encontro. Em seguida, converse com eles sobre o que você mais gostou de saber sobre a Bíblia.

- Pergunte-lhes que valor tem a Palavra de Deus na vida deles? Anote a resposta em uma folha de papel sulfite para que possamos elaborar, no próximo encontro, um pequeno livro.

2

CRIAÇÃO, OBRA DE DEUS

"No princípio, Deus criou o céu e a terra" (Gn 1,1). Assim começa a Bíblia falando-nos da obra de Deus, não como um livro de ciência, mas com os olhos da fé, que além das coisas que existem veem também a mão do criador.

Criar é fazer do nada alguma coisa que antes não existia. Deus criou tudo por amor e para manifestar seu amor: terra, água, sol, lua, plantas, animais... e finalmente criou o homem e a mulher iguais, da mesma natureza, à sua imagem e semelhança, capazes de amar, precisando e completando-se um ao outro. Fomos criados para o amor, e é por meio dele que conseguimos enxergar todas as maravilhas criadas por Deus.

Deus abençoou o homem e a mulher e submeteu toda a terra aos seus cuidados. É na criação que nós encontramos normalmente os primeiros sinais da presença dele.

Por isso é tão importante cuidar bem de toda a natureza: dos rios, mares, florestas, árvores... e, principalmente, do ser humano que é a obra-prima da criação de Deus, chamado para viver em íntima união com Ele. Assim aprendemos a valorizar: o ar que respiramos, a água que bebemos, a família e os amigos que temos... Tudo é graça de Deus.

"Vós, todas as obras do Senhor, bendizei o Senhor: louvai-o e exaltai-o para sempre!" (Dn 3,57).

Parte I – História da salvação

Celebração

– Que tal expressar o seu amor e gratidão a Deus, por tudo o que Ele criou, cantando um hino de louvor?

Louvado seja o meu Senhor... (4x) (DR) (CD Canções para orar, 1)

1) Por todas suas criaturas, pelo sol e pela lua.
Pelas estrelas no firmamento, pela água e pelo fogo.

2) Por aqueles que agora são felizes, por aqueles que agora choram.
Por aqueles que agora nascem, por aqueles que agora morrem.

3) O que dá sentido à vida é amar-te e louvar-te.
Para que a nossa vida seja sempre uma canção.

– A seguir, você é convidado a ouvir, atentamente, a proclamação do livro do Gênesis 1–2,3. Em seguida, irá refletir e partilhar a Palavra de Deus por meio de perguntas feitas pelo catequista.

– Que tal fazer orações por todos aqueles que não são beneficiados pela riqueza que Deus nos deixou: os sem-terra, meninos e meninas de rua...?

Atividades

1) Neste encontro, a partilha de cada um será realizada pelas respostas às perguntas formuladas pelo catequista. Participe!

2) Depois de conhecer melhor a grandeza do Criador, chegou o momento de você experimentar a liberdade, expressando a alegria de filhos de Deus, envolvendo-se nas brincadeiras que seu catequista irá lhe propor.

Compromisso do encontro

1) Escreva com suas palavras o que você mais gostou de aprender em relação à criação de Deus:

___
___
___
___
___

2) Deus criou este mundo maravilhoso, repleto de coisas boas, para a nossa felicidade. Propomos:

- Procurar cuidar bem e valorizar as coisas e as pessoas que Deus criou para a sua felicidade.

- Fazer um desenho bem bonito daquilo que você mais gostou de ver e apreciar na natureza. Mostre-o para o catequista e os colegas no próximo encontro.

Diálogo com a família

Conte a seus pais como foi o encontro. Partilhe com eles o que você aprendeu a respeito de Deus e qual das coisas que Ele criou que você mais admira. Em seguida, peça a eles que lhe contem sobre a presença de Deus na vida deles.

Após o diálogo, anote a sua conclusão:

_____
_____
_____
_____
_____
_____

3

Pecado, uma realidade no mundo

Deus, que nos ama muito, nos criou para sermos livres e felizes.

E o que é o pecado? Pecado é dizer *não* a Deus, fazendo o contrário do que Ele nos ensina. Cometemos pecado quando viramos as costas para as orientações de Deus, quando, por querer, deixamos de fazer o bem aos nossos semelhantes, quando deixamos que o egoísmo e o orgulho tenham mais força em nossa vida do que o amor e o respeito por nossos irmãos. A vontade de Deus é que vivamos como seus *filhos e irmãos* uns dos outros.

Por isso, Ele nos indica o caminho do bem, mas nos deixa livres para escolhermos o que nós queremos para nossa vida. E você vai escolher o que é *bom* ou dizer *não* a Deus?

Quando desobedecemos aos nossos pais, começamos a brigar, mentir, falar "palavrões" e agir sem respeitar as pessoas, estamos deixando espaço para que o pecado apareça em nossas vidas e, com ele, as suas consequências, principalmente a falta de paz no coração, que nos torna infelizes.

Entretanto, Deus, que é cheio de bondade e misericórdia, está sempre pronto a nos perdoar. Mas, é preciso que a gente se arrependa e esteja disposto a não mais pecar.

Assim como Deus nos perdoa, nós também devemos compreender e perdoar as pessoas que nos ofendem, pois *perdoar é um gesto de amor* que devemos cultivar a cada dia.

Celebração

• Agora, você é convidado a ouvir, com atenção e respeito, o que Deus lhe fala no livro do Gênesis 3,1-13. Em seguida, irá refletir e partilhar a Palavra de Deus.

• Neste momento, pense nos seus pecados e, com arrependimento sincero, peça perdão a Deus, cantando o Ato penitencial.

Atividades

1) O pecado nos afasta de Deus. Pensando nisso, o que Deus lhe ensina neste texto que partilhou com seus colegas e catequista?

_____
_____
_____
_____
_____

2) Em grupo, responda as seguintes perguntas. Depois, o catequista convida um catequizando de cada grupo para contar a todos, com suas próprias palavras, o que foi partilhado no grupo.

Grupo I:

– Não partilhar o que temos com os outros é pecado?

– O que devemos fazer quando pecamos?

Grupo II:

– Quando cometemos um erro e percebemos a nossa culpa, é possível nos sentirmos bem, com a consciência tranquila?

– O que devemos fazer para que Deus nos perdoe?

Parte I – História da salvação

3) Neste momento, com suas palavras, faça uma oração em que demonstre o seu arrependimento por seus pecados e o desejo de ser perdoado por Deus:

_____
_____
_____
_____

4) Com muita alegria, encerrar este encontro, cantando:

Oração de São Francisco (Pe. Irala – CD Canções para orar, 2)

> Senhor, fazei-me instrumento de vossa paz!/ Onde houver ódio, que eu leve o amor./ Onde houver ofensa, que eu leve o perdão./ Onde houver discórdia, que eu leve a união. Onde houver dúvida, que eu leve a fé./ Onde houver erro, que eu leve a verdade./ Onde houver desespero, que eu leve a esperança./ Onde houver tristeza, que eu leve alegria./ Onde houver trevas, que eu leve a luz. / Ó Mestre, fazei que eu procure mais/ consolar que ser consolado,/ compreender que ser compreendido,/ amar que ser amado./ Pois é dando que se recebe,/ é perdoando que se é perdoado, e é morrendo que se vive para a vida eterna.

Compromisso do encontro

1) Anote, resumidamente, o que é o pecado:

_____
_____
_____

2) Reconhecer Deus como Pai é ser obediente a seus ensinamentos, que nos levam a praticar apenas o bem. Propomos:

• Que tal você pensar nos erros que deseja não mais cometer e anotar os boas atitudes que deseja praticar?

_____
_____
_____

• A seguir reze, com fé, um Pai-nosso, pedindo que Deus o ajude a não mais pecar.

Iniciação na fé – Preparação para a Primeira Eucaristia (catequizando)

Diálogo com a família

Primeiramente, converse com seus pais a respeito do que é pecado para vocês. Depois, anote as suas respostas em relação a estas perguntas:

– O que precisamos fazer para que sempre haja harmonia em nosso lar?

_____
_____
_____
_____
_____
_____
_____

– O que devemos fazer para evitar o pecado?

_____
_____
_____
_____
_____
_____
_____

4

ABRAÃO, O PAI DA NOSSA FÉ

Para começar a formar o povo do qual nasceria o Salvador, Deus escolheu Abraão, que percebeu a vontade de Deus em sua vida e em sua consciência.

Abraão era um homem de fé. Certo dia, Deus lhe disse: "Sai da tua terra, da tua parentela e da casa de teu pai, e vai para a terra que te mostrarei. Eu farei de ti um grande povo, eu te abençoarei, engrandecerei teu nome; sê uma bênção" (Gn 12,1-2).

Abraão deixou tudo e partiu, sem saber direito para onde, confiando só na orientação de Deus, e, porque acreditou na sua Palavra, deu início a uma longa caminhada à procura da terra prometida até que um dia chegou a Canaã, a terra que lhe foi dada por Deus.

Algum tempo depois, Deus promete a Abraão um filho. Mas como seria possível, se Abraão já era velho e não tinha filhos e sua esposa Sara também era idosa?

Entretanto, para Deus nada é impossível. Ele lhes concede um filho, que recebe o nome de Isaac.

Certo dia, Deus colocou Abraão à prova, pedindo seu filho único em sacrifício. Abraão, confiando em Deus, permaneceu firme até mesmo nessa provação. E Deus mais uma vez mostrou o seu poder e a sua misericórdia, não permitindo o sacrifício de Isaac, mostrando que Ele é o *Deus da vida* e não da morte.

> "Como Abraão, quero ser amigo de Deus e fazer sempre o que Ele me pede."

Celebração

– Organize, com seu catequista e colegas, uma encenação da história contada no livro do Gênesis 22,1-19. Depois reflitam e partilhem a Palavra de Deus.

Atividades

1) Após a partilha, você é convidado a fazer um desenho que represente o acontecimento dessa história que você mais gostou e que o levou a perceber o quanto Abraão teve fé em Deus. Depois escreva, nas linhas seguintes, qual a lição de vida que você aprendeu deste acontecimento.

Parte I – História da salvação

_____
_____
_____
_____

2) Com suas palavras descreva, resumidamente, a história de Abraão como se você estivesse contando-a para um amigo:

_____
_____
_____
_____
_____
_____
_____

Compromisso do encontro

1) Anote o que de mais importante você aprendeu neste encontro:

_____
_____
_____
_____

2) Deus sempre foi a única segurança de Abraão, por isso ele nunca teve medo, pois sua confiança nele era maior que tudo. Propomos:

• Ao se deitar, procure lembrar-se do que lhe causa medo e insegurança e peça a Deus a graça de ser como Abraão: uma pessoa de fé que carrega no coração a certeza de que, quando caminhamos com Deus, não precisamos ter medo de nada. Em seguida, reze um Pai-nosso.

• Procurar sair do comodismo, egoísmo... para ajudar os que precisam de você.

Diálogo com a família

Conte a seus pais qual é o ensinamento da história de Abraão que você tirou para sua vida.

Depois, peça a eles que partilhem com você uma forte experiência de fé em que eles experimentaram, por meio da providência divina, o grande poder de Deus.

Anote aqui, resumidamente, essa experiência:

___

___

___

___

___

___

___

5

Patriarcas, homens guiados por Deus

Patriarcas são os pais e fundadores do povo de Deus, que viveram fortes experiências de Deus em muitas situações de suas vidas e hoje são exemplos para nós. Os primeiros patriarcas foram Abraão, Isaac e Jacó.

Abraão e Isaac nós os conhecemos no encontro anterior. Mas quem foi Jacó? Ele era um dos dois filhos de Isaac, que certa noite lutou com o anjo de Deus que o deixou manco, mas o abençoou dizendo-lhe:

– Daqui em diante você não se chamará mais Jacó, e sim Israel, que significa forte com Deus.

Jacó (Israel) se casou e teve doze filhos, que formaram as doze tribos de Israel. São eles: Ruben, Simeão, Levi, Judá, Issacar, Zabulon, Dã, Neftali, Gad, Aser, José e Benjamin. Eles cresceram e formaram um grande povo que ficou conhecido como povo de Israel, povo hebreu, povo judeu, povo de Deus, povo eleito...

O povo de Israel foi eleito por Deus para ser seu parceiro na história da salvação. Deus cuidou com carinho desse povo, do qual, muito tempo depois, nasceu Jesus, o nosso Salvador.

Iniciação na fé – Preparação para a Primeira Eucaristia (catequizando)

Hoje, Deus também lhe convida a colaborar com Ele na salvação de todas as pessoas. Você aceita ajudá-lo? Não tenha medo de dizer sim, porque Deus estará sempre com você!

Celebração

– Fique atento, porque agora o catequista vai lhe contar parte da história de José, um dos filhos de Jacó, para o qual Deus tinha reservado uma grande missão (Gn 37–44).

– Para conhecer o final dessa história você é convidado a ouvir a proclamação do livro de Gênesis 45,1-14.17-18. Em seguida, haverá reflexão e partilha da Palavra de Deus.

Atividades

1) Para você, qual é o ensinamento mais importante para a sua vida do texto bíblico que partilhou com seus colegas e catequista?

_____
_____
_____
_____

2) Converse com seus colegas sobre o que vocês mais gostaram da história de José. Em seguida, expresse com desenhos o que você mais gostou. Depois disso, organizem juntos esta história, na ordem dos acontecimentos, podendo ilustrá-la com o seguinte versículo.

Pesquise em sua Bíblia Gn 45,7:

_____
_____
_____
_____
_____

3) Encerrar este encontro com o seguinte canto, com o qual aprendemos de José o valor do amor e do perdão:

Parte I – História da salvação

Canto: (melodia: *Teresinha de Jesus*)

    José era o mais novo
    De Jacó filho querido
    E, por isso, pelos irmãos
    Sempre era perseguido.

    Tanta raiva eles sentiam
    Que o venderam ao Egito.
    Porém, Deus mudou sua sorte
    Para salvar o povo aflito.

    Acontece também hoje
    Que irmão entrega irmão
    Pra criar fraternidade
    É preciso dar perdão.

Compromisso do encontro

1) Anote o que você aprendeu sobre os Patriarcas:

_____

_____

_____

_____

2) É importante guardarmos algo de conhecimento da história do povo de Deus, principalmente colocar o ensinamento transmitido em prática. Propomos:

- Amar a Deus valorizando os cuidados que Ele tem com você.
- Procurar sempre perdoar a todos que lhe fazem algum mal.
- Para memorizar, completar as frases abaixo:

– _____, _____ e _____ são chamados Patriarcas.

– _____ passou a ser chamado Israel e teve doze filhos.

– José tinha o dom de interpretar _____. Esse dom, o amor de seu pai e a túnica colorida que ele lhe deu causaram inveja e ciúmes em seus _____ que tentaram eliminá-lo. Isto não aconteceu porque Deus o protegeu. Assim acontece em nossa vida. _____ nos protege sempre.

– Por causa da seca e da fome em _____, José levou seu pai, chamado _____, e seus irmãos, com suas famílias, para morarem no _____.

Diálogo com a família

Converse com seus pais sobre os Patriarcas (pessoas que experimentaram fortemente o poder de Deus em suas vidas) e hoje são grandes exemplos para nós.

Pergunte-lhes se na sua família houve, no passado, pessoas que também viveram fortes experiências de Deus e hoje também são consideradas exemplos para vocês.

Anote, aqui, quem são essas pessoas:

_____
_____
_____
_____

6

Moisés, chamado por Deus

Êxodo quer dizer saída. Este acontecimento ocorreu quando os israelitas foram libertos da escravidão no Egito e iniciaram a sua caminhada pelo deserto.

Vejamos como isto aconteceu.

No Egito, os descendentes de Jacó formaram um grande povo. Com o passar do tempo, começou a governar o Egito um faraó que escravizava muito o povo de Israel.

Como o número deles aumentava cada dia mais, o faraó baixou uma ordem para que todos os meninos dos israelitas recém-nascidos fossem lançados ao Rio Nilo.

Nessa época, certa mãe israelita planejou algo para salvar seu filho da morte. Colocou-o num cestinho de junco e o pôs entre as canas da beira do rio, de modo que a filha do faraó, ao ir banhar-se, encontrasse o menino. Ela o encontrou e o pegou para criar, dando-lhe o nome de Moisés.

Passaram-se anos e Moisés, já crescido, foi visitar seus irmãos israelitas e viu os duros trabalhos que eles eram obrigados a fazer. Moisés matou um egípcio que maltratava um hebreu, mas depois teve que fugir.

Muito tempo depois, quando Moisés se encontrava perto do Horeb, a montanha de Deus, um anjo apareceu numa sarça em fogo que não se queimava. Do meio do fogo, Deus lhe disse: "Eu vi, eu vi a miséria do meu povo que está no Egito. Ouvi o seu clamor por causa dos seus opressores, pois eu conheço as suas angústias" (Ex 3,7). "Vai, pois, e eu te enviarei ao faraó para fazer sair do Egito o meu povo, os filhos de Israel" (Ex 3,10).

Cumprindo a ordem de Deus, Moisés foi pedir ao faraó a libertação do seu povo, mas ele não cedia diante desse pedido. Por isso, Deus o castigou com muitas pragas e, mesmo assim, o faraó não cedia.

Então, caiu sobre o Egito a décima praga, a mais terrível, que é a morte dos primogênitos dos egípcios.

Mas, para proteger os primogênitos dos israelitas, Deus ordenou, através de Moisés, que cada família matasse um cordeiro sem mancha, sem quebrar-lhe nenhum osso e, com seu sangue, marcasse a porta de sua casa. Dessa forma, as suas casas seriam identificadas pelo anjo do Senhor que passaria adiante.

Deviam, também, assar o cordeiro e comê-lo nessa mesma noite, com pão sem fermento e com ervas amargas. Assim eles fizeram.

Seus filhos foram salvos da morte, enquanto que os filhos dos egípcios foram mortos.

Nessa mesma noite, o faraó deixou os israelitas partirem do Egito, mas logo se arrependeu e pôs o seu exército atrás deles para trazê-los de volta.

Deus, porém, manifestou o seu poder abrindo o Mar Vermelho para que os israelitas o atravessassem a pé enxuto. Em seguida, as águas do mar voltaram ao seu lugar e cobriram o exército do faraó.

Então, Moisés pediu que os israelitas celebrassem para sempre esse dia como uma festa, a festa da Páscoa, a passagem do Senhor na vida deles. A passagem da escravidão para a liberdade.

Celebração

- Você é convidado a ouvir a Proclamação da Palavra de Deus conforme o livro do Êxodo 3,7-12 e a participar da reflexão e partilha.

Parte I – História da salvação

Atividades

1) Após a partilha expresse, com suas palavras, algum acontecimento em que Deus o chamou para ajudar alguém a sair de uma situação difícil:

_____
_____
_____
_____
_____
_____

2) Elaborar uma história em quadrinhos baseada nos seguintes textos bíblicos:

- O nascimento de Moisés: leia Ex 2,1-10 para se inspirar.

- Deus escolhe Moisés para libertar os israelitas: leia Ex 3,1-7.9-12 para se inspirar.

- Moisés tira o povo do Egito (prescrição sobre a Páscoa): leia Ex 12,21-28 para se inspirar.

Parte I – História da salvação

Compromisso do encontro

1) Descreva, com suas palavras, um resumo da *saída* do povo de Israel do Egito:

_____
_____
_____
_____
_____
_____

2) Tanto nos momentos fáceis como nos difíceis que enfrentamos sempre tem alguém ao nosso lado nos ajudando, alguém em quem podemos confiar sempre. Propomos:

- Ler o Salmo 121(120). Em seguida, anotar a mensagem que você aprendeu para sua vida:

_____
_____
_____
_____

Diálogo com a família

Moisés foi chamado por Deus para libertar o seu povo da escravidão do Egito. Hoje nós somos o povo de Deus. Ele nos quer livres de toda e qualquer escravidão. Converse com seus pais e partilhem: diante das coisas do mundo, do que vocês precisam se libertar para serem uma família ainda mais feliz?

_____
_____
_____
_____
_____

7

DESERTO, LUGAR DE FORMAÇÃO DO POVO DE DEUS

O deserto é o lugar onde o povo de Deus, após sair da escravidão do Egito, deu início a uma longa caminhada rumo à terra prometida.

No decorrer dessa caminhada eles sentiram sede e fome. Então, começaram a reclamar com Moisés, achando que Deus os havia abandonado.

Deus ouviu as suas murmurações e manifestou, novamente, o seu poder e seu amor: fez brotar água da rocha, fez chover pão do céu (como sementinhas brancas com sabor de bolo de mel, que deram o nome de maná) e enviou codornizes para saciá-los com carne.

Durante os quarenta anos que o povo de Deus viveu no deserto, Deus o alimentou e cuidou dele com muito amor. Diante do sofrimento e das dificuldades, este povo pôde perceber a presença de um Deus poderoso e fiel, que jamais abandona seus filhos.

Entretanto, por diversas vezes, eles se esquecem de tudo que Deus lhes havia proporcionado e viram as costas para Deus.

Parte I – História da salvação

Hoje, nós também, muitas vezes, não valorizamos e nos esquecemos das coisas boas que Deus nos dá: o dom da vida, a saúde, a família... Que tal você acrescentar ainda outras boas coisas (graças) que Deus nos dá?

_____

_____

_____

Igualmente ao povo de Deus que viveu no deserto, nós também enfrentamos dificuldades e sofrimentos (deserto) em nossa vida: falta de compreensão e de amor, doenças, fome, guerra, separação ou morte de uma pessoa querida...

Nestes momentos de dor, muitas vezes a gente pensa que Deus nos abandonou. Mas, acontece justamente o contrário: nessas horas, Deus está mais presente ainda e redobra o seu cuidado e o seu amor, ajudando-nos, com a sua graça, a enfrentar tudo com muita força e coragem.

Celebração

• Neste momento ouça, com atenção, a proclamação do livro do Êxodo 16,1-16 para, depois, refletir e partilhar a Palavra de Deus.

• Encerrar, solenemente, este momento de reflexão e partilha, cantando com muita alegria:

Canto: *O povo de Deus* (Pe. Luiz A. Passos – CD Canto das Comunidades)

    O povo de Deus no deserto andava,
    Mas a sua frente alguém caminhava
    O povo de Deus era rico de nada
    Só tinha esperança e o pó da estrada.
    Também sou teu povo, Senhor / e estou nessa estrada
    Somente a tua graça, / me basta e mais nada. (bis)
    O povo de Deus também vacilava;
    às vezes custava a crer no amor.
    O povo de Deus, chorando, rezava,
    pedia perdão e recomeçava.
    Também sou teu povo, Senhor / e estou nessa estrada
    Perdoa se às vezes / não creio em mais nada. (bis)
    O povo de Deus também teve fome
    e tu lhe mandaste o pão lá do céu.
    O povo de Deus cantando deu graças
    provou teu amor, teu amor que não passa.
    Também sou teu povo, Senhor / e estou nessa estrada
    tu és o alimento da longa jornada. (bis)

Iniciação na fé – Preparação para a Primeira Eucaristia (catequizando)

Atividades

1) Após a partilha copie o versículo do livro do Êxodo 16,1-16 que mais tocou o seu coração:

_____
_____
_____
_____
_____

2) Que tal fazer desenhos mostrando a ação de Deus, nos seguintes versículos:

- providenciando água para o povo. Leia Ex 17,5-6 para se inspirar.

Parte I – História da salvação

- dando-lhes alimento. Leia Ex 16,4 para se inspirar.

3) Agora, você é convidado a fazer uma oração agradecendo a Deus por seus pais, que não querem que você se desvie do bom caminho:

_____
_____
_____
_____

Compromisso do encontro

1) Relembre a proposta realizada no compromisso do encontro anterior (item 2 – Sl 121/120) e relate qual semelhança que você percebeu diante do que aprendeu neste encontro:

_____

_____

_____

_____

2) "Senhor, em tudo engrandeceste e glorificaste o teu povo; sem deixar de assisti-lo, em todo tempo e lugar o socorreste!" (Sb 19,22). Propomos:

- Agradecer por tudo que Deus lhe proporciona, evitando reclamar.
- Confiar sempre em Deus sem jamais duvidar.
- Aceitar os limites que os seus pais lhe impõem, pois, certamente, são iluminados por Deus para o educar à vida.

Diálogo com a família

Deus é o Pai bondoso que está sempre presente na vida de seus filhos. Relembre, com seus pais, sobre os cuidados de Deus na vida de vocês. Depois disso, comentem as reclamações do dia a dia, as quais são desnecessárias diante de tudo que Ele nos dá.

Descreva aqui as reclamações que, a partir de hoje, vocês se propõem evitar:

_____

_____

_____

_____

_____

_____

8

Aliança, sinal do amor de Deus

Aliança é o compromisso de amor e fidelidade entre Deus e cada um de nós. Deus fez várias vezes aliança com os seres humanos.

Com Noé, Deus ordena-lhe que construa uma grande arca e que entre nela com seus filhos, sua mulher, as mulheres dos seus filhos e um casal de cada animal da terra. Assim, no dilúvio eles são salvos da morte. Então, Deus faz uma aliança com ele, prometendo-lhe que nunca mais os seres vivos serão destruídos por um dilúvio. O sinal dessa aliança é o arco-íris.

Tempos depois, Deus faz uma aliança com Abraão, dizendo-lhe que ele será pai de uma grande nação e, por ele, todas as nações da terra serão abençoadas; que essa aliança será perpétua; que será o Deus dele e das gerações futuras e que eles serão o seu povo; que lhes dará a posse da terra de Canaã para sempre; que abençoará ele e sua esposa Sara, concedendo-lhes um filho, ao qual darão o nome de Isaac; e que essa aliança será renovada com Isaac. O sinal dessa aliança é a circuncisão.

Passado algum tempo, Moisés está no deserto com seu povo e sobe ao Monte Sinai para orar e lá se encontra com Deus. Ele lhe pede para lembrar aos israelitas como os libertou da escravidão no Egito e os conduziu com carinho, como se estivessem protegidos sobre asas de águia. Deus faz com Moisés uma aliança, entregando-lhe as tábuas da lei com os dez mandamentos. O povo diz a Moisés que fará tudo como Deus quer. Como sinal dessa aliança, Moisés mata um cordeirinho e, com o sangue dele, respinga o povo e o altar, pois para eles isso simboliza oferecer a própria vida.

A finalidade da aliança feita por Deus com Noé, Abraão e Moisés era formar um povo especial, o seu povo, porque dos seus descendentes haveria de nascer o Salvador, seu filho Jesus, que viria salvar todos os seres humanos, libertando-os da escravidão do pecado e da morte.

Ao celebrar com os apóstolos a Nova Páscoa, Jesus fez uma Nova Aliança, a qual foi selada com o seu sangue, sendo esta muito maior do que a Antiga Aliança.

Muitas vezes nos esquecemos do amor de Jesus e de Deus Pai e não vivemos a Aliança. É muito importante amar a Deus acima de todas as coisas e obedecer aos seus mandamentos, para viver a alegria e a liberdade dos filhos de Deus.

Celebração

- Coloque-se, agora, numa atitude de escuta e respeito para ouvir a proclamação do livro do Êxodo 20,1-17. Logo após, você será convidado a refletir e partilhar a Palavra de Deus.

Atividades

1) Com sua Palavra, Deus quer iluminar a nossa vida. Após ter partilhado com seu catequista e colegas, anote em que você precisa melhorar, de modo que valorize ainda mais as leis de Deus.

_____
_____
_____
_____

2) Para conhecer um pouco mais sobre os *mandamentos da lei de Deus*, leia os mandamentos e as explicações, junto com seus colegas e catequista:

Parte I – História da salvação

1º) Amar a Deus sobre todas as coisas

É uma ordem que Deus nos dá. Devemos adorar somente a Ele e reconhecê-lo como nosso Deus, Criador e Salvador. Devemos confiar sempre nele e amá-lo acima de tudo e de todos.

2º) Não tomar seu santo nome em vão

O nome do Senhor é santo e não podemos fazer uso dele a não ser para bendizê-lo, louvá-lo e glorificá-lo. Não devemos dizer: "juro por Deus"; o juramento falso invoca Deus como testemunha de uma mentira e é falta grave contra o Senhor. Não devemos usar o nome de Deus indevidamente.

3º) Guardar domingos e festas de guarda

No Egito, o povo trabalhava direto, sem direito a descanso e Deus ordena o descanso semanal para nos lembrar o que Ele fez no passado. "Recorda que foste escravo na terra do Egito e que o Senhor teu Deus te fez sair de lá..." (Dt 5,15).

Devemos santificar o dia do Senhor, participando da santa missa. No domingo, não devemos nos preocupar em estudar, trabalhar... sem necessidade, e, sim, viver a liberdade que Deus nos dá.

4º) Honrar pai e mãe

Deus quer que, depois dele mesmo, a gente honre (obedeça e respeite) nossos pais, a quem devemos a vida.

5º) Não matar

Este mandamento defende o direito à vida. Devemos amar, respeitar, proteger e promover a vida do próximo, a nossa própria vida e a natureza (águas, terras, plantas, animais...). Não podemos desejar o mal, sentir raiva, xingar...

6º) Não pecar contra a castidade

Guardar a pureza de coração nos pensamentos, palavras e ações. Respeitar o próprio corpo e o do próximo. Este mandamento nos ordena ter vida sexual apenas no casamento; este é o desejo de Deus.

7º) Não furtar

Este mandamento proíbe o roubo. Nos ordena a praticar a justiça. Respeitar o dinheiro e os bens do próximo.

8º) Não levantar falso testemunho

Este mandamento nos ensina viver a verdade e a sinceridade. Devemos ser fiéis e não julgar as pessoas. Não fazer fofoca e falar mal dos outros e nem inventar coisas que prejudique a vida alheia.

9º) Não desejar a mulher do próximo

Este mandamento ordena ao homem a amar e respeitar a sua esposa ou namorada e jamais desejar outra mulher e vice-versa.

10º) Não cobiçar as coisas alheias

Deus nos ordena a não sermos invejosos e não desejarmos as coisas que pertencem às outras pessoas.

3) Em dupla, preencham os seguintes diálogos com os respectivos mandamentos. Se tiverem dúvidas, consultem novamente os mandamentos e as explicações que constam no item 2.

– Mãe, hoje eu fui ao supermercado e a moça do caixa se enganou e me deu dois reais a mais de troco.

– E o que você fez, Camila?

Parte I – História da salvação

– Tive vontade de pegar para mim, mas me lembrei do mandamento que diz: _____; aí, então, devolvi o dinheiro a ela e me senti feliz.

– Parabéns! Você agiu corretamente, minha filha. Esse dinheiro não lhe pertencia.

– Sabe, João, é bom nós não conversarmos mais com a Marisa, pois me disseram que ela é mentirosa e, também, fofoqueira.

– Você tem certeza, Luísa?

– Certeza não tenho, apenas ouvi falar. Mas, pensando bem, João, é melhor não julgar a Marisa, pois tem um mandamento que diz: _____ _____

– Beto, você gosta mesmo de mim?

– Sim, querida.

– Mas, então por que você fica paquerando a minha amiga Tati, que é noiva?

– Pensando bem, tenho me comportado muito mal, deixando de cumprir o mandamento que diz: _____ _____. Isso não vai mais acontecer. Perdoe-me, querida.

– Sabe, José, eu acho a sua mochila bem mais bonita que a minha; queria ter uma igual a sua. Gostaria, também, de ter um tênis igual ao do Danilo e uma coleção de camisetas igual à do Rogério.

– Paulo, não fique pensando desta maneira, pois você está desrespeitando o mandamento que diz: _____ _____. Sabe, tudo o que você tem também é muito bonito. Precisamos aceitar o que temos e perceber que a nossa felicidade não depende das coisas materiais.

– Você tem razão, José. Obrigado por me fazer enxergar essa verdade.

Iniciação na fé – Preparação para a Primeira Eucaristia (catequizando)

– Sabe, Pedro, eu estou contente comigo mesmo.

– O que aconteceu para você estar tão feliz, André?

– Você se lembra como eu era desobediente aos meus pais, o quanto eu respondia mal para eles? Mas, depois que eu comecei a participar da catequese, eu mudei muito. Descobri que estava errado e aprendi a respeitá-los. Viver de acordo com o mandamento que diz para _____ _____ trouxe muita alegria e paz a mim e a meus pais.

– Marcela, que tal nós deixarmos o trabalho de escola para fazermos no domingo?

– É melhor não, Luizinho. Vamos fazer durante a semana, pois o domingo é dia de irmos à missa e de passarmos com a nossa família, pois tem um mandamento da Lei de Deus que diz: _____ _____.

– Você tem razão, Marcela. Domingo é um dia para não nos preocuparmos com as coisas do mundo e, sim, vivermos a liberdade que Deus nos dá.

– Tiago, me empresta seu caderno da escola?

– Só posso emprestá-lo a semana que vem, Lucas.

– Eu quero hoje. Se você não me emprestar, Deus vai lhe castigar, porque você não está querendo me ajudar.

– Ah, Lucas! Você precisa conhecer mais sobre Deus. Que certeza você tem se Deus vai me castigar ou não? Quando foi que Ele lhe falou isso? Sabe, Deus, ao invés de castigar, Ele nos educa para corrigirmos o nosso erro, isto porque Ele nos ama muito.

– Tiago, me sinto envergonhado. Usei o nome de Deus indevidamente. Preciso pedir perdão a Ele e procurar não mais deixar de cumprir o mandamento que diz:_____ _____.

Parte I – História da salvação

– Mãe! Hoje, na catequese, aprendemos sobre os mandamentos da Lei de Deus.

– O que chamou a sua atenção, filha?

– Sabe, mãe, aprendi que na televisão muitas vezes ensinam coisas erradas.

– O que você está querendo dizer, Glorinha?

– Eu aprendi, mamãe, que o sexo só deve acontecer após o casamento e não como acontece nas novelas, pois tem um mandamento que diz:___ _____.
Precisamos ser fiéis a Deus porque Ele sempre quer o melhor para nós.

– Muito bem, Glorinha! Siga os mandamentos da Lei de Deus e você sempre será feliz!

– Carol, este fim de semana levei a maior bronca.

– O que aconteceu, Felipe?

– No sábado à tarde eu estava passeando por aí e acabei jogando papel de bala no lago da praça, quebrei galhos de algumas plantas e quase consegui matar um passarinho com o meu estilingue, quando de repente levei a maior bronca de uma mulher.

– Também, Felipe, esta bronca foi mais que merecida.

– Até você contra mim, Carol?

– Felipe, você se esqueceu que devemos cumprir os mandamentos da Lei de Deus, e o quinto mandamento nos diz:_____ _____. E você estava, também, poluindo a natureza, tirando a vida das plantas e até dos animais.

– Sabe, Carol, agora entendo a atitude daquela mulher. De hoje em diante quero valorizar e respeitar as coisas que Deus criou.

– Miguel, quero ouvir a sua opinião. O que é considerado mais importante em nossa vida: a família, os amigos, os estudos ou Deus?

– Sabe, Gustavo, todos eles são importantes e necessitamos de todos. Deus, porém, é o nosso criador. Ele nos dá inteligência nos estudos, cuida de nós e dos nossos amigos e não deixa faltar nada a nossa família. E, dentre tantos presentes, o maior presente que Deus nos deu foi Jesus Cristo, nosso Salvador. Por isso, devemos gravar em nosso coração e jamais deixar de viver o primeiro mandamento, que diz:_____

_____. Este mandamento é o resumo de todos os outros mandamentos.

Compromisso do encontro

1) Diante de tudo que aprendeu hoje, anote o que foi mais importante para você:

_____
_____
_____
_____
_____
_____

2) As placas de trânsito nos indicam o caminho a seguir para chegarmos ao nosso destino. Através dos dez mandamentos Deus também nos indica o caminho certo para sermos felizes nesta vida e, depois da morte, junto dele no céu. Pela sua lei, Deus nos faz conhecer os nossos deveres e a nossa missão. Propomos:

• Ler, prestando bastante atenção, Dt 30,15-20. Deus o ama muito e lhe dá a liberdade de escolher entre dois caminhos.

Qual deles você vai escolher? Por quê?

_____
_____
_____
_____
_____
_____

Parte I – História da salvação

O que este caminho exigirá de você?

_____
_____
_____
_____

• Durante esta semana, releia várias vezes os dez mandamentos, que constam na atividade 2, para gravá-los em sua mente e em seu coração. E, de agora em diante, procure viver de acordo com a vontade de Deus, cumprindo os mandamentos.

Diálogo com a família

• Os mandamentos, mais do que uma lei, são caminhos de vida que nos libertam e nos ensinam a vivermos na caridade e no amor.

• Leia com seus pais as explicações dos dez mandamentos que constam na atividade 2. A seguir, converse com eles questionando quais mandamentos vocês julgam ser mais difíceis de viver. Anote a sua resposta:

_____
_____
_____
_____
_____

• Pergunte a eles qual a diferença entre o domingo e os demais dias da semana. Anote aqui a resposta deles:

_____
_____
_____
_____
_____
_____

9

Algumas pessoas importantes: juízes, reis, profetas

Depois de quarenta anos atravessando o deserto, os israelitas entraram em Canaã, conquistando a terra prometida que Deus já tinha dado aos seus primeiros pais: Abraão, Isaac e Jacó (Israel).

Nessa época, eles eram o único povo que adorava ao Deus verdadeiro. Todos os outros povos adoravam falsos deuses. Eles estavam divididos em tribos, cujos líderes eram chamados juízes.

Mais tarde, querendo ser iguais aos outros povos, quiseram ter um rei para os governar e se tornar uma grande nação.

O primeiro rei foi Saul, que no começo foi bom, mas depois deixou-se dominar pela ambição.

Para substituí-lo Deus escolheu Davi, filho de Jessé, que morava em Belém e cuidava dos rebanhos do seu pai. Como rei, Davi venceu todos os inimigos do seu povo. Ele foi grande porque foi humilde. Governou tão bem que se tornou o mais importante e querido rei do povo de Israel.

Parte I – História da salvação

Após a sua morte quem o substituiu foi seu filho Salomão, que amava a Deus e seguiu os ensinamentos do seu pai. Ele pediu, e Deus lhe deu o dom da sabedoria, porém, mais tarde, a riqueza desviou seu coração.

Com o passar do tempo, os reis e o povo se esqueceram da aliança feita com Deus e desobedeceram os mandamentos da lei, o que os levou a serem escravos novamente.

Apesar da infidelidade deles, Deus permanece fiel e não os abandona. Envia-lhes profetas e profetisas para:

- ajudá-los a enxergarem seus erros e se arrependerem;
- lembrarem ao povo das grandes coisas que Deus lhe havia feito no passado;
- defenderem os direitos do povo, denunciando as injustiças praticadas pelos reis;
- animarem a todos, insistindo para que confiassem em Deus;
- anunciarem a esperança e prepararem o povo para a vinda do Messias.

Estes foram alguns dos profetas: Samuel, Elias, Eliseu, Isaías, Jeremias, Ezequiel, Amós...

Você sabia que, quando seus pais lhe fazem enxergar os seus erros e lhe mostram qual é a vontade de Deus em sua vida, eles estão sendo profetas?

Hoje, todos nós que somos batizados e fazemos parte da Igreja, também temos a missão de sermos profetas.

Neste encontro, vamos conhecer um fato importante na vida do Profeta Elias. Enquanto o rei daquela época não estava fazendo nada em favor dos pobres, Deus chama Elias para defender uma viúva e uma criança. Através do profeta, Deus mostra o seu amor e o cuidado por seus filhos.

Celebração

- Você será convidado a auxiliar o catequista a organizar a encenação do texto bíblico 1Rs 17,1.7-24. Fique atento porque essa história é muito interessante e importante.
- Após a encenação haverá reflexão e partilha da Palavra de Deus.

Atividades

1) Após a partilha, anote o nome de algumas pessoas que você considera importantes em sua vida e explique por quê?

_____
_____
_____
_____
_____

2) Agora, o catequista os convida a responderem, oralmente, algumas perguntas, de modo que estas os ajudem a refletir o que de bom vocês já fazem e o que pode ser melhorado no seu dia a dia:

• Quando Deus ordenou a Elias para ir a Sarepta, ele foi obediente ao chamado de Deus ou disse que estava cansado, com preguiça?

E você, como age quando sua mãe o chama para ajudá-la em algum trabalho, ou quando seu pai lhe pede um favor?

• A viúva soube partilhar com Elias o único pão que possuía?

Partilhar o que temos sobrando é fácil. O difícil é partilhar a única coisa que temos.

Você já partilhou com alguém seu único lanche, único doce...?

• A viúva deu a Elias *tudo* o que possuía: partilhou seu único pão. Deus lhe deu *tudo* o que ela precisava: o alimento e, ainda, o mais importante, a vida de seu filho. Você sabia que, quanto mais abrimos o coração para partilhar o que temos, muito mais Deus nos dá?

• Os profetas são homens de muita fé e esperança; são animados, pois não se afastam de Deus.

É isto o que eles partilham com as pessoas: o ânimo, a fé e a esperança. E Deus renova constantemente a força deles.

E você já parou para pensar o que tem para partilhar com seus colegas ou outras pessoas?

• Você é uma pessoa feliz? Tem partilhado a sua alegria, levando uma palavra de carinho a alguém triste, de modo que haja sorriso também nos lábios dele(a)?

• Você é inteligente? Tem partilhado as coisas que sabe com seus colegas que sentem dificuldade em entender?

• É uma pessoa comunicativa, fácil de fazer amizade? Tem procurado conversar com seus colegas mais tímidos, ajudando-os a serem mais comunicativos?

Parte I – História da salvação

• Conseguiu perceber o quanto você é importante para Deus e para as outras pessoas?

• A viúva disse a Elias: "Agora sei que és um homem de Deus e Iahweh fala verdadeiramente por sua boca!" (1Rs 17,24). Ela reconheceu o profeta como um homem de Deus. E você, quando vai à missa, presta atenção na homilia (sermão) do padre? Procura entender e colocar em prática o que ele disse? Você reconhece o padre como um homem de Deus?

3) Decifre a mensagem e guarde-a em seu coração:

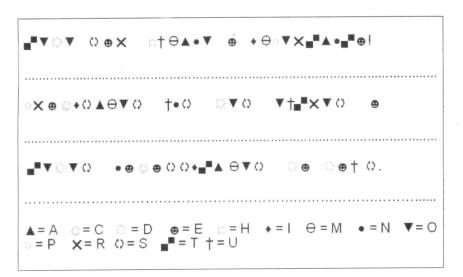

Compromisso do encontro

1) Escreva, resumidamente, o que você aprendeu sobre a missão do profeta:

_____
_____
_____
_____

2) É importante valorizarmos as pessoas que nos animam, nos educam e nos indicam o bom caminho. Propomos:

• Ao se deitar e fazer suas orações, pense nas pessoas importantes em sua vida. Reze por elas e agradeça a Deus por essas pessoas fazerem parte, hoje, de sua história.

Diálogo com a família

Converse com seus pais sobre qual é a missão do profeta. Depois, anote as respostas deles diante das seguintes perguntas:

– Quais pessoas iluminadas por Deus animaram e orientaram vocês na fé e, hoje, vocês as consideram profetas em suas vidas?

_____
_____
_____
_____

– Participar da comunidade tem ajudado vocês a descobrirem a sua missão de profeta como sinal de luz em nossa família?

_____
_____
_____
_____

– Cartomantes, videntes, astrólogos (horóscopo) são considerados profetas? Devemos acreditar nessas pessoas?

_____
_____
_____
_____

10

O Messias, a esperança do povo

Messias quer dizer ungido, isto é, consagrado e enviado por Deus para anunciar a vida nova e a liberdade aos povos, trazendo esperança e fé a todos aqueles que estão oprimidos.

É aquele que há de vir, a esperança do povo de Israel.

Jesus é o Messias, a Palavra de Deus que se faz carne, é um Deus que se fez homem. É Deus mesmo que veio viver no meio de nós para nos salvar.

É aquele que vem trazer o Reino de Deus como um homem livre frente ao dinheiro, aos poderosos, à morte...

Jesus é a realização da promessa de Deus conforme foi anunciado pelo Profeta Isaías: "Porque um menino nos nasceu, um filho nos foi dado, ele recebeu o poder sobre seus ombros, e lhe foi dado este nome: Conselheiro-maravilhoso, Deus-forte, Pai eterno, Príncipe-da-paz" (Is 9,5).

Jesus é o Messias que os profetas anunciavam que seria da descendência de Davi, onde haveria de nascer e quem seria sua mãe. Diziam também que

Ele faria muitos milagres, sofreria muito, entregaria a sua vida para a salvação de todos e seria glorificado.

O Profeta Isaías foi o que melhor apresentou toda essa esperança ao povo. João Batista foi o último profeta que veio preparar a todos para acolherem o Messias, dizendo-lhes que se convertessem, arrependendo-se de seus pecados.

O Messias prometido é o resumo de toda esperança que se tornou visível na vida de Jesus Cristo. Ele é o ungido, o Messias, o Cristo.

Celebração

- Deus sempre tem um ensinamento importante para nos dar. Então ouça, com atenção, a proclamação do Evangelho de Jesus Cristo narrado por Lucas 4,18-22a, para descobrir o que Ele quer lhe falar.
- A seguir, reflita e partilhe a Palavra de Deus.

Atividades

1) Partilhe uma experiência em que você tenha falado de Jesus a alguém:

_____
_____
_____
_____

2) Neste momento, você e seus colegas são convidados a participarem da encenação de um teatro (Notícias da TV), com algumas situações que vocês convivem no dia a dia. O objetivo é fazê-los refletir: como está sua fé e esperança? Fiquem atentos para descobrirem qual é a mensagem. Após o teatro, escreva o que você aprendeu.

Mensagem para a minha vida:

_____
_____
_____
_____
_____

Parte I – História da salvação

3) Rezem, de mãos dadas, a oração do Pai-nosso, pedindo a Deus que todos os injustiçados e oprimidos coloquem sua esperança em Jesus, o Messias, o Filho de Deus, que vem em nosso auxílio para nos salvar.

Compromisso do encontro

1) Diante do que você aprendeu, anote em quem você deve colocar a sua segurança e esperança e diga por quê:

_____
_____
_____

2) O Messias é a fonte de toda a nossa esperança e a realização da promessa de Deus. Propomos:

• Pesquise em sua Bíblia, no livro dos Salmos, uma oração que fale de confiança e esperança em Deus. Leia-a durante esta semana e, no próximo encontro, partilhe qual foi o salmo escolhido e que mensagem você tirou para a sua vida.

Salmo _____

Mensagem: _____
_____
_____
_____

Diálogo com a família

• Conte para seus pais como foi o seu encontro de catequese e o que mais gostou de aprender.

• Converse com eles e reflita: como tem sido a vivência de fé de vocês?

• Em seguida, respondam: De que maneira vocês têm levado esperança aos que se encontram desanimados?

_____
_____
_____

11

Maria e o nascimento de Jesus

Durante muito tempo, o povo de Deus esperou a vinda do Salvador prometido. Deus cumpre a sua promessa enviando seu próprio Filho Jesus, que veio ao mundo revelar a face de um Deus que é Pai, amor, misericórdia e perdão. Vejamos como isto aconteceu.

Em Nazaré vivia uma jovem cujo nome era Maria. Era fiel a Deus e pura de coração. Um dia, Deus lhe visitou, escolhendo-a para ser mãe do Salvador, e o seu sim foi fundamental para o plano de Deus se realizar. Então, Deus se fez gente no meio de nós.

José, seu noivo, foi também visitado por Deus, que lhe disse: "José, filho de Davi, não temas receber Maria, tua mulher, pois o que nela foi gerado vem do Espírito Santo. Ela dará à luz um filho e tu o chamarás com o nome de Jesus..." (Mt 1,20-21).

Passado algum tempo, José precisou ir de Nazaré, onde morava, para Belém, por causa de um recenseamento. Foi para lá se registrar, pois era descendente do Rei Davi, que tinha nascido em Belém. Levou junto Maria, que estava grávida. Então, chegou a hora do menino nascer e, como não havia lugar para eles em nenhuma pensão, Maria deu à luz a Jesus numa gruta muito pobre em Belém e o colocou numa manjedoura.

Alguns pastores foram visitá-lo no seu nascimento. E quem avisou os pastores foram os anjos, que lhes apareceram, cantando:

"Glória a Deus nas alturas e paz na Terra aos homens por Ele amados! Alegrai-vos, pois hoje nasceu para vós um Salvador".

Alguns homens, vindos do Oriente, conhecidos como reis magos, vieram adorá-lo e ofereceram-lhe presentes: ouro, incenso e mirra.

Um rei mau, chamado Herodes, tentou tirar-lhe a vida ainda pequenino, mas o Pai não permitiu, avisando José, em sonho, para fugir com Maria e Jesus para o Egito.

Assim, Jesus cresceu em estatura, graça e sabedoria, diante de Deus e dos homens.

Celebração

- Você é convidado a acolher com amor e respeito a Bíblia e a imagem de Nossa Senhora, trazida por seus colegas:
- Enquanto isso, cante com alegria:

Canto: *Maria de Nazaré* (Pe. Zezinho – CD Sempre Maria)

> Maria de Nazaré,
> Maria me cativou,
> Fez mais forte a minha fé,
> E por filho me adotou.
> Às vezes eu paro e fico a pensar
> E sem perceber me vejo a rezar,
> E meu coração se põe a cantar
> Pra virgem de Nazaré.
> Menina que Deus amou e escolheu
> Pra Mãe de Jesus, o Filho de Deus,
> Maria que o povo inteiro elegeu,
> Senhora e Mãe do céu.
> Ave Maria (3x) Mãe de Jesus.
>
> Maria que eu quero bem,
> Maria do puro amor,
> Igual a você ninguém
> Mãe pura do meu Senhor.

Em cada mulher que a terra criou
Um traço de Deus Maria deixou
Um sonho de mãe Maria plantou
Pro mundo encontrar a paz.
Maria que fez o Cristo falar.
Maria que fez Jesus caminhar.
Maria que só viveu pra seu Deus,
Maria do povo meu.
Ave Maria (3x) Mãe de Jesus.

- Com muita atenção, ouça o que Deus tem a lhe revelar no Evangelho de Jesus Cristo narrado por Lucas 2,1-14.

- Em seguida, reflita e partilhe a Palavra de Deus.

Atividades

1) Expresse com suas palavras o que Jesus lhe ensina com o seu nascimento:

_____
_____
_____

2) Faça um desenho que simbolize o nascimento de Jesus, inspirando-se no texto bíblico deste encontro (Lc 2,1-14).

Parte I – História da salvação

3) Em equipe, construa um painel bem bonito sobre Nossa Senhora. Utilize recortes de revistas com figuras de Maria, desenhe, escreva mensagens sobre ela, anote alguns dos diversos nomes pelos quais ela é conhecida.

Depois coloque o painel em lugar bem visível, para que as suas mensagens cheguem até as outras pessoas que frequentam a comunidade.

4) A oração da Ave-Maria é a saudação do Anjo Gabriel a Maria, anunciando que ela é escolhida por Deus, é cheia de graça e repleta do Espírito Santo, pois o Senhor está com ela. Maria é a mãe de Jesus e de todos nós. Por isso, podemos lhe confiar os nossos pedidos.

Agora, coloque-se numa atitude de oração, para rezarem todos juntos a Ave-Maria:

> Ave Maria, cheia de graça,
> O Senhor é convosco,
> bendita sois vós entre as mulheres,
> e bendito é o fruto do vosso ventre, Jesus.
> Santa Maria, mãe de Deus,
> rogai por nós, pecadores,
> agora e na hora de nossa morte. Amém.

Compromisso do encontro

1) Escreva o que você mais gostou de aprender sobre o nascimento de Jesus:

_____
_____
_____
_____

2) Maria, desde criança, se dedicou à oração, à ajuda às pessoas, não cometeu pecado, por uma graça especial de Deus. Ele a escolheu e a preparou para ser a mãe de seu Filho Jesus. Propomos:

• Ler a oração que Maria fez ao saber que seria mãe do Salvador. Esta oração se encontra na Bíblia em Lc 1,46-55.

Anote o versículo que você mais gostou:

_____
_____
_____

Diálogo com a família

Leia, com seus pais, os seguintes versículos: "Nasceu-vos hoje um Salvador, que é o Cristo-Senhor, na cidade de Davi. Isto vos servirá de sinal: encontrareis um recém-nascido envolto em faixas deitado numa manjedoura" (Lc 2,11-12).

Conte a eles o que Jesus lhe ensinou com o seu nascimento.

Depois, converse com eles sobre a mãe de Jesus. Maria sempre disse sim a Deus, tanto nos momentos de alegria como nos de sofrimento. Reflitam como tem sido o seu sim diante da vontade de Deus em suas vidas.

Anote a que conclusão vocês chegaram:

_____
_____
_____
_____
_____
_____

12

Sermão da montanha, ideal do homem novo

    Jesus se tornou adulto e aceitou o batismo de João, um profeta poderoso que pregava a conversão e arrependimento dos pecados. Com a força do Espírito Santo, saiu pelo mundo anunciando o Evangelho, isto é, a boa notícia, a mensagem de Deus Pai para a humanidade.

    Então, Jesus escolheu e convidou doze homens para segui-lo, que são chamados de discípulos ou apóstolos.

    Certo dia, quando os discípulos e multidões o seguiam, Jesus sobe a uma montanha e, com a atitude de mestre, começa a ensiná-los, fazendo um longo discurso, conhecido como as bem-aventuranças ou o sermão da montanha.

    As bem-aventuranças nos transmitem a visão de Jesus para todos aqueles que, em todos os tempos, querem ser seus discípulos.

Jesus diz que são bem-aventurados ou felizes os pobres de espírito que têm como única riqueza Deus. Estes certamente viverão a humildade, praticarão a justiça, lutarão pela paz, saberão perdoar e partilhar. O sermão da montanha é o anúncio da felicidade que nos mostra o espírito do discípulo de Jesus.

Sabemos que viver tudo isso é um dom de Deus. O sermão da montanha nos mostra o caminho. Precisamos querer mudar de vida, deixando de lado egoísmo, injustiças, mentiras, falsidades... E desejar, assim, viver verdadeiramente a Lei de Deus, a lei do amor em nosso dia a dia.

Como fez com os discípulos, Jesus hoje convida a cada um de nós a segui-lo e a viver tudo o que Ele nos ensina: a anunciar a boa notícia do Reino de Deus às outras pessoas, especialmente, no lugar onde a gente vive, estuda, trabalha ou descansa.

Celebração

- Em clima de oração, ouça a proclamação do Evangelho de Jesus Cristo narrado por Mateus 5,1-12.
- Agora, reflita e partilhe a Palavra de Deus.

Atividades

1) Escreva quais são os ensinamentos que Jesus lhe deixou nas bem-aventuranças:

_____
_____
_____
_____
_____
_____

2) Esta atividade será feita em grupo. Nos diálogos seguintes, constam algumas atitudes comuns no dia a dia. Cada situação que vivemos é uma oportunidade que Deus nos dá de colocarmos em prática as bem-aventuranças pronunciadas por Jesus (*o amor e a justiça*). Mas, infelizmente, muitas vezes nos desviamos dessa oportunidade, fazendo a nossa própria escolha, independente de ser ou não a vontade de Deus.

Parte I – História da salvação

Analise as atitudes dos diálogos, dando sua opinião se as pessoas agiram ou não de acordo com as bem-aventuranças:

> – Sabe, Paulinho, esta semana joguei bola todos os dias e no fim de semana fui passear na casa da minha tia e acabei me esquecendo de estudar para a prova de matemática. Vou fazer uma "cola" para me ajudar.
>
> – A atitude desse menino está certa? Ele está sendo justo diante dos demais colegas que estudaram para a prova? Quem não estuda aprende alguma coisa? _____
> _____
> _____

> – Sara, domingo você gostaria de fazer alguma leitura na missa?
>
> – Claro que sim! Pode contar comigo.
>
> – Logo em seguida, veio uma amiga de Sara e a convidou para ir passear no *shopping*, no domingo. A resposta de Sara foi a seguinte:
>
> – Eu iria fazer uma leitura na missa, mas, na hora, a catequista que arrume alguém para me substituir. O que eu não quero é perder esse passeio.
>
> – A atitude de Sara está correta?
>
> – É justo assumir um compromisso e, simplesmente, não cumpri-lo?
>
> – Que consideração teve a Sara para com a catequista e a comunidade?
> _____
> _____
> _____
> _____

> – Isabel, lave a louça para a mamãe, pois assim eu consigo acabar o serviço mais cedo.
>
> – Ah, mãe, hoje não! Estou com preguiça.
>
> – A atitude dessa filha está correta, diante de tantas coisas que a mãe faz para o(a) filho(a), todos os dias?

Iniciação na fé – Preparação para a Primeira Eucaristia (catequizando)

– A filha se preocupou em ajudar a sua mãe para que sobrasse um tempo para ela descansar? _____
_____
_____
_____

– Ana, imagine se você tivesse nas mãos seu lanche preferido, na hora do recreio. E, de repente, você visse uma criança olhando para o seu lanche, demonstrando estar com vontade. O que você faria?

– Ana respondeu:

– Eu diria: nunca viu, não! Tome, engole este lanche!

– A atitude de Ana foi correta?

– Ela sentiu amor por aquela criança? Ou permitiu que ela passasse vergonha na frente das outras e se sentisse humilhada?
_____
_____
_____

Após responder as perguntas, um representante de cada grupo lê as respostas. Que tal contar outros casos parecidos, os quais você já vivenciou?

Em seguida, registre a que conclusão você chegou sobre como deve agir nas atitudes do seu dia a dia.

Conclusão pessoal:
_____
_____
_____
_____
_____

Parte I – História da salvação

3) Caça-palavras

Descubra as seguintes palavras que constam no texto bíblico estudado: *bem-aventurados, pobres, aflitos, mansos, fome, sede, justiça, misericordiosos, puros de coração, perseguidos, Jesus e profetas.*

M	A	N	S	O	S	A	J	E	L	E	L	A	P
I	A	M	I	S	Q	E	R	Q	M	G	A	U	T
S	E	R	R	J	S	A	O	O	R	R	R	B	S
E	U	E	I	U	Z	U	F	R	U	O	D	O	E
R	L	S	S	A	L	L	L	A	S	M	D	A	R
I	U	S	O	J	M	N	N	D	N	I	E	N	O
C	T	U	T	T	T	A	E	A	U	L	T	O	D
O	W	R	I	O	W	C	C	G	W	H	W	T	A
R	X	R	L	X	O	I	E	A	T	E	X	I	Ç
D	V	E	F	R	R	S	V	A	L	D	V	C	I
I	I	I	A	E	R	I	E	E	I	E	I	I	T
O	Z	Ç	P	E	L	O	M	R	Z	S	N	A	S
S	A	I	P	P	P	P	P	P	B	P	P	A	U
O	M	O	R	N	S	A	T	E	F	O	R	P	J
S	E	Z	I	L	E	F	B	O	A	O	P	B	B
B	E	M	A	V	E	N	T	U	R	A	D	O	S

Compromisso do encontro

1) Expresse com suas palavras o que você aprendeu neste encontro:

_____
_____
_____
_____
_____
_____

2) As bem-aventuranças nos levam a conhecer os tesouros do céu. Propomos:

• Ler Mt 6,19-21 e, diante do que você aprendeu, ilustre este texto com colagens (recortes de jornais ou revistas) ou desenhos que representem os tesouros da terra e os do céu. A seguir, desenhe um coração no quadro onde se encontram os verdadeiros tesouros:

Tesouros da terra (coisas materiais)

Tesouros do céu (atitudes de amor e justiça)

Parte I – História da salvação

• No próximo encontro, mostre para seu catequista e colegas da catequese o que você selecionou.

• Rezar pelas pessoas que passam fome, que sofrem preconceitos (negros, índios...), pelos desempregados, pelas crianças abandonadas, pelas pessoas que estão sofrendo por causa das guerras...

Diálogo com a família

Conte a seus pais o que você aprendeu sobre as bem-aventuranças. Converse sobre como têm sido as atitudes de justiça e amor de vocês para com os pobres, marginalizados, desempregados...

Em seguida, leia com eles Mt 5,13-16. Depois, faça-lhes as perguntas propostas e anote a resposta:

– Vocês têm sido sal da terra e luz do mundo? De que maneira?

_____
_____
_____
_____
_____
_____
_____

13

AS PARÁBOLAS DO REINO

    Jesus sabia o quanto era importante sua missão de anunciar o Reino de Deus, isto é, de ensinar um novo modo de viver de acordo com a vontade de Deus.

    Então, para falar desse Reino, que é a vida de Deus dentro de nós, Jesus usava parábolas, que são pequenas histórias baseadas em comparações para facilitar a compreensão de todos.

    Ele iniciava o assunto de forma bem simples, fazendo comparações entre os seus ensinamentos com as situações do dia a dia das pessoas e da sua realidade de trabalho, de modo que as pessoas se animavam a ouvir o restante da parábola, por terem entendido facilmente o seu começo.

    Jesus falava de sementes que crescem escondidas, fermento que faz a massa crescer, mulher que procurava a moeda perdida, pai que perdoa e acolhe o filho...

Parte I – História da salvação

Vejamos como Jesus conta a Parábola do Semeador que lançou a semente:

"Eis que o semeador saiu para semear. E, ao semear, uma parte da semente caiu à beira do caminho e as aves vieram e a comeram. Outra parte caiu em lugares pedregosos, onde não havia muita terra. Logo brotou, porque a terra era pouco profunda. Mas, ao surgir o sol, queimou-se e, por não ter raiz, secou. Outra ainda caiu entre os espinhos. Os espinhos cresceram e a abafaram. Outra parte, finalmente, caiu em terra boa e produziu fruto, uma cem, outra sessenta e outra trinta. Quem tem ouvidos, ouça!" (Mt 13,4-9).

Nesta parábola, Jesus fala dos pobres e dos pequenos que assumem no dia a dia a prática dos seus ensinamentos expressa nas bem-aventuranças. Eles são a terra boa, onde a semente do Reino de Deus produz fruto.

O povo gostava de ouvi-lo, mas Ele não parava por aí; sempre apresentava algo novo a partir do que as pessoas já sabiam, isto porque o Reino de Deus é algo muito vivo e precioso.

Jesus nos diz que esse Reino é semelhante a um tesouro escondido num campo; precisamos fazer de tudo para possuí-lo, pois ele é a única coisa que realmente tem valor para nós: A *união com Deus*.

Celebração

- Com sua Palavra, Deus sempre tem algo a nos ensinar. Então, você é convidado a ouvir o que Ele nos ensina no Evangelho de Jesus Cristo narrado por Lucas 11,5-8.
- Agora, reflita e partilhe a Palavra de Deus.

Atividades

1) Depois de ter partilhado com seu catequista e colegas, expresse, com suas palavras, o que você precisa fazer para se tornar perseverante a cada dia:

_____
_____
_____
_____
_____
_____

2) Após ouvir a Parábola da Ovelha Perdida (Lc 15,4-7), expresse com desenhos ou frases as atitudes das ovelhinhas desgarradas que existem nos dias de hoje, citadas nos seguintes quadros:

Ovelhinha desobediente	Ovelhinha egoísta
Ovelhinha mentirosa	Ovelhinha preguiçosa

3) Neste momento, seu catequista vai lhes contar a Parábola da Pedra Preciosa (Mt 13,45-46).

Em seguida, participe de uma dinâmica que seu catequista irá fazer sobre a pedra preciosa. Após a dinâmica e a reflexão, anote qual foi a mensagem:

_____
_____
_____
_____
_____

Parte I – História da salvação

Compromisso do encontro

1) Diante das parábolas que ouviu neste encontro, anote qual você mais gostou e o que pôde aprender por meio dela:

_____
_____
_____
_____

2) As parábolas de Jesus nos trazem grandes ensinamentos. Propomos:
- Ser insistente e perseverante diante das coisas de Deus.
- Evitar ser uma ovelhinha desgarrada.
- Valorizar Jesus (a pedra preciosa) amando-o.
- Em seguida, reze um Pai-nosso.

Diálogo com a família

Conte a seus pais o que você aprendeu com a Parábola da Pedra Preciosa e o que devemos fazer para encontrá-la.

Em seguida, pergunte-lhes: que coisas ainda os dominam e os impedem de caminhar em busca dessa pedra preciosa? Depois de ouvi-los, partilhe com eles a sua resposta a esta pergunta.

Anote aqui a que conclusão vocês chegaram depois desta importante conversa:

_____
_____
_____
_____
_____

14

MILAGRES, SINAIS DE SALVAÇÃO

> "Jesus é o maior milagre de todos os tempos."

Durante sua vida pública, Jesus realizou muitos milagres. Para aliviar o sofrimento do povo, manifestar o poder de Deus e comprovar que Ele é o Messias, o Filho de Deus, o Salvador esperado, Jesus curou muitas pessoas: cegos, coxos, leprosos, surdos, mudos... E até mortos Ele ressuscitou.

Os evangelhos, quando relatam os milagres de Jesus, falam muitas vezes de sinais. Estes sinais abrem o caminho da sua pregação sobre a boa-nova do Reino de Deus e o anúncio do amor, da misericórdia e do perdão de Deus.

Mas, apesar dos seus milagres tão evidentes, Jesus é rejeitado por alguns.

E hoje, em nosso dia a dia, será que também acontecem milagres?

É claro que sim! Toda criação é um grande milagre de Deus que nunca se acaba, mas não são todos que percebem isso.

Parte I – História da salvação

Podemos ver milagres na beleza da natureza, na alegria de uma criança, na cura de um doente, num grupo de pessoas que partilham o pão...

O milagre pode ser um fato extraordinário ou uma coisa comum. Ele não depende da ciência, mas da fé.

Para a ciência não existe milagre, mas só um fato que não tem explicação. Entretanto, o milagre começa onde acaba nossa explicação. Tudo depende da nossa fé e de conseguirmos enxergar nos acontecimentos um sinal da bondade de Deus.

E você sabe o que é ter fé?

Ter fé é acreditar e confiar totalmente em Deus, que tudo pode e nada é maior que Ele!

Então, se você tiver fé conseguirá ver os milagres que Deus realiza sempre!

Celebração

- Fique atento, agora, para ouvirmos a proclamação do Evangelho de Jesus Cristo narrado por Mateus 8,23-27.
- A seguir, haverá reflexão e partilha da Palavra de Deus.

Atividades

1) Após a partilha, anote algum acontecimento difícil de sua vida em que Jesus o ajudou:

_____
_____
_____

2) Pense um pouquinho...

> Procure se lembrar: Você já ficou doente? Já teve febre alta? Já correu risco de vida?
>
> Nestes momentos a mamãe ficou muito preocupada e certamente rezou, pedindo a Deus que você fosse curado.
>
> Hoje você está aqui em nosso meio cheio de vida. Para você isto é um milagre?
>
> ( ) Sim ( ) Não

Iniciação na fé – Preparação para a Primeira Eucaristia (catequizando)

A cada noite, fechamos os olhos para dormir. Poderíamos não abri-los mais se Deus não permitisse. Mas... Deus nos dá um novo dia, um presentão: o *dom da vida*. O despertar para um novo dia é um milagre?

( ) Sim ( ) Não

O agricultor planta sementes que vão produzir frutas, legumes e cereais para nossa alimentação. Mas... se Deus não mandasse chuva... nada produziria.

Hoje, quando temos em nossa mesa arroz, feijão, o leite gostoso que tomamos pela manhã, o pão...

A nossa alimentação é para você um milagre?

( ) Sim ( ) Não

Hoje vivemos a era da comunicação. A TV acaba sendo a grande companheira, e, às vezes, nem sobra tempo para a família sentar-se e conversar.

Se em sua casa vocês começassem todos os dias a reservar uma hora, por exemplo: das 20:30h às 21:30h, desligar a TV e sentar-se juntos para contar as coisas do dia a dia: o papai conta do trabalho, a mamãe das suas atividades; você, das suas notas na escola, dos encontros da catequese...

Este momento de partilha e união na família seria um milagre?

( ) Sim ( ) Não

O nascimento de um bebê é um milagre?

( ) Sim ( ) Não

A que conclusão você chegou depois de responder estas perguntas?

_____
_____
_____
_____
_____

Parte I – História da salvação

3) Leia, com seus colegas, o Evangelho de Jesus Cristo narrado por Mateus 9,27-31. Depois, em dupla, responda as seguintes perguntas:

– Os dois cegos, precisando de um milagre, o que fizeram?
___
___
___
___

– E você, quando necessita de um milagre (uma grande graça), o que deve fazer?
___
___
___

– Anote o versículo que demonstra que os dois cegos não duvidaram que Jesus poderia curá-los:
___
___
___

– Agora, pense um pouco e responda, com suas palavras, a seguinte pergunta: O que é ter fé?
___
___
___
___

Compromisso do encontro

1) Anote o que você aprendeu sobre os milagres:
___
___
___

2) Apesar de Deus conhecer o nosso coração e saber das nossas necessidades, é importante demonstrarmos, por nossos pedidos, o quanto nós necessitamos dele e precisamos que Ele realize milagres em nossa vida e na vida da nossa família. Propomos:

- Escreva um pequeno texto falando que sinais gostaria que acontecessem em sua família.

_____
_____
_____
_____
_____

- Fazer uma oração pedindo a Deus que, se for sua vontade, esses milagres sejam realizados.

Diálogo com a família

Aproveitem este momento de diálogo para fazer uma reflexão de vida e partilhar: quais os milagres que vocês vêem em sua vida? E, hoje, qual o milagre que vocês gostariam de experimentar diante da sua situação familiar?

Anote, resumidamente, o que foi mais importante nessa partilha:

_____
_____
_____
_____
_____

15

ORAÇÃO, ÁGUA VIVA PARA O SER HUMANO

Jesus sempre se retirava a algum lugar deserto para rezar, pois sentia a necessidade de viver em intimidade com Deus Pai, princípio e fonte da vida.

Jesus ensinou aos discípulos o dever da oração e a maneira de rezar: a oração deve ser humilde diante de Deus e diante dos homens, deve ser feita de coração e confiante na bondade de Deus.

É muito importante reservarmos parte do nosso tempo, durante o dia ou à noite, para rezar.

Certamente, a cada dia, temos algo a agradecer e algo a pedir a Deus. Muitas pessoas precisam das nossas orações, por exemplo: os doentes, os desempregados, os menores abandonados... É importante não rezar somente por nós, mas pelos outros.

Além dos pedidos e agradecimentos que fazemos, podemos rezar oferecendo a Deus: a nossa vida, os dons, o dia, o trabalho, o estudo..., assim tudo o que fazemos de bom e com amor pode ser transformado em oração. Outra maneira de rezar é louvar a Deus por tudo o que Ele é, pelo seu amor e pelo que Ele fez e continua fazendo por nós. Entretanto, a nossa oração só será ouvida se for feita com fé.

Jesus nos ensinou a oração mais importante que existe: o Pai-nosso. Precisamos pedir aquilo que necessitamos: "O pão nosso de cada dia nos dai hoje". Mas, além do pão que sacia a nossa fome, necessitamos, também, nos alimentar do pão da verdade, da justiça, da humildade, do perdão, da sabedoria...

A oração nos aproxima de Deus e alimenta a nossa fé.

Celebração

• Neste momento, ouça com atenção a proclamação do Evangelho de Jesus Cristo narrado por Lucas 11,9-10.

• A seguir, reflita e partilhe a Palavra de Deus.

• Quando fazemos o sinal da cruz, lembramo-nos que a nossa vida pertence a Deus e queremos estar em perfeita comunhão com Ele em nosso dia a dia.

Agora, em pé, rezem com muita fé, começando com o *sinal da cruz*.

> Pelo sinal da santa cruz,
> livrai-nos Deus, nosso Senhor,
> dos nossos inimigos.
> Em nome do Pai, do Filho e do Espírito Santo. Amém.

Ato penitencial: É o momento de reconhecermos que pecamos e de pedirmos perdão a Deus, com o propósito de não mais pecar. Fechem os olhos e procurem se lembrar dos seus pecados: desobediência, mentira, raiva, briga, preguiça... (momento de silêncio).

A seguir, peçam perdão a Deus, cantando o Ato penitencial:

> Senhor, tende piedade de nós!
> Cristo, tende piedade de nós!
> Senhor, tende piedade de nós!

No *Creio*, professamos que acreditamos que Deus criou o mundo e cada um de nós. Jesus, Filho único de Deus Pai, sofreu e morreu por nós e, agora, ressuscitado, vive conosco para sempre.

Cremos: *no Espírito Santo* que anima, ilumina e santifica a Igreja; *na Igreja católica* que vive da Palavra e do Corpo de Cristo; *na comunhão dos santos* que são todos os fiéis vivos ou falecidos, formando todos juntos uma só Igreja; *na remissão dos pecados*, pois pela vontade de Cristo a Igreja pos-

Parte I – História da salvação

sui o poder de perdoar os pecados através dos sacramentos; *na ressurreição da carne*, cremos que da mesma forma que Cristo ressuscitou dos mortos e vive para sempre, assim também nós ressuscitaremos; *na vida eterna*, cremos que os que morrem na graça e amizade com Deus vivem para sempre no céu; *Amém*: crer é dizer Amém.

> *Creio em Deus*
>
> Creio em Deus Pai todo-poderoso, criador do céu e da terra;
> e em Jesus Cristo, seu único filho, nosso Senhor;
> que foi concebido pelo poder do Espírito Santo;
> nasceu da Virgem Maria;
> padeceu sob Pôncio Pilatos, foi crucificado,
> morto e sepultado;
> desceu à mansão dos mortos;
> ressuscitou ao terceiro dia;
> subiu aos céus,
> está sentado à direita de Deus Pai, todo-poderoso,
> donde há de vir a julgar os vivos e os mortos.
> Creio no Espírito Santo,
> na santa Igreja católica,
> na comunhão dos santos,
> na remissão dos pecados,
> na ressurreição da carne,
> na vida eterna. Amém.

Neste momento, sentados, abram a Bíblia e procurem o Salmo 23(22). O catequista lê e, em seguida, cada catequizando repete o versículo que mais gostou.

Agora, em pé, cantem com expressão corporal e com muita alegria:

Erguei as mãos (DR) (Arranjo e adaptação Pe. Marcelo Rossi – CD Músicas para louvar ao Senhor)

> *Erguei as mãos* ⎫ (2x)
> *E dai glória a Deus* ⎭
> *Erguei as mãos*
> *E cantai como os filhos do Senhor.*
>
> Os animaizinhos subiram de dois em dois (2x)
> O elefante e os passarinhos
> Como os filhos do Senhor

Os animaizinhos subiram de dois em dois (2x)
A minhoquinha e o pinguim
Como os filhos do Senhor

Os animaizinhos subiram de dois em dois (2x)
O canguru e o sapinho
Como os filhos do Senhor

Na oração do Pai-nosso, rezamos a Deus como nosso Pai e sabemos o quanto somos todos irmãos. Demonstramos a confiança, a segurança e a esperança que temos nele. Neste momento, de mãos dadas, rezem todos juntos o *Pai-nosso*:

Pai nosso, que estais nos céus,
santificado seja o vosso nome.
Venha a nós o vosso Reino,
seja feita a vossa vontade,
assim na terra como no céu.
O pão nosso de cada dia nos dai hoje,
perdoai as nossas ofensas,
assim como nós perdoamos
a quem nos tem ofendido,
e não nos deixeis cair em tentação,
mas livrai-nos do mal. Amém.

Os anjos são servidores e mensageiros de Deus que nos protegem, seguram em nossas mãos e nos conduzem. Todos nós temos um Anjo da Guarda. É importante pedirmos a sua proteção para que ele nos livre de todos os perigos. Então, rezem todos juntos a *Oração do Anjo da Guarda*:

Santo Anjo do Senhor, meu zeloso guardador,
se a ti me confiou a piedade divina,
sempre me rege, guarde, governe e ilumine. Amém.

Nossa Senhora Aparecida é a rainha e padroeira do Brasil. Então, vamos cantar em sua homenagem a música:

Caminhando com Maria (José Acácio Santana – CD A tua palavra permanece)

Santa Mãe, Maria, nesta travessia,
Cubra-nos teu manto cor de anil.
Guarda nossa vida, Mãe Aparecida,
Santa Padroeira do Brasil!

Ave Maria, Ave Maria! (bis)

Com amor divino, guarda os peregrinos
Nesta caminhada para o além.
Dá-lhes companhia, pois também um dia
Foste peregrina de Belém.

Parte I – História da salvação

Pela oração Salve Rainha, aclamamos Maria pelas grandes coisas que Deus realizou nela e por ela. Pedimos que ela nos mostre o caminho que é Jesus Cristo. Em dois coros (meninos e meninas), rezem a *Salve Rainha*:

Meninas: Salve Rainha, mãe de misericórdia,
vida doçura e esperança nossa. Salve!

Meninos: A vós bradamos,
os degredados filhos de Eva.

Meninas: A vós suspiramos,
gemendo e chorando neste vale de lágrimas.

Meninos: Eia, pois, advogada nossa,

Meninas: esses vossos olhos misericordiosos a nós volvei;

Meninos: e depois desse desterro, mostrai-nos Jesus,
bendito fruto do vosso ventre,
ó clemente, ó piedosa, ó doce, sempre Virgem Maria.

Todos: Rogai por nós, santa Mãe de Deus,
para que sejamos dignos das promessas de Cristo. Amém.

Na oração *Glória ao Pai*, exaltamos a Santíssima Trindade na grandeza de Deus Pai, nosso criador, de Jesus, o Filho e nosso salvador e do Espírito Santo, nosso santificador.

Com as mãos levantadas, rezem o *Glória ao Pai*.

Glória ao Pai, ao Filho e ao Espírito Santo.
Como era no princípio agora e sempre. Amém.

Atividades

1) Depois de ter rezado e cantado todo esse tempo, anote o que você percebeu nessa experiência de oração, e como se encontra o seu coração. Anote, também, quais são as orações que você faz todos os dias:

_____
_____
_____
_____
_____

Iniciação na fé – Preparação para a Primeira Eucaristia (catequizando)

2) Agora, vocês são convidados a participar da partilha dos alimentos (refeição). Antes, cantem uma música de agradecimento a Deus pelos alimentos que lhes dá:

Canto:

Ao Senhor agradecemos, Aleluia! } (bis)
O alimento que teremos, Aleluia!

Para finalizar este encontro, que tal cumprimentar todos os colegas e catequistas com o abraço da paz?!

Compromisso do encontro

1) Anote, resumidamente, o que você aprendeu neste encontro sobre o valor da oração:

_____
_____
_____
_____
_____

2) A própria contemplação da criação de Deus é uma oração. Propomos:

• Esta semana, procure uma planta que pareça estar morta, mas tem nela um pequeno brotinho. "Do ramo seco, Deus faz gerar vida nova". Contemple essa maravilha de Deus. Isto é uma oração.

Diálogo com a família

Partilhe com seus pais o que você sentiu neste encontro em que você rezou bastante. Converse com eles sobre que valor vocês têm dado à oração em sua família.

Anote que momento do dia ou da noite vocês costumam rezar juntos:

_____
_____
_____
_____

Parte I – História da salvação

Procure fazer esta experiência: na hora da refeição, com simples palavras, agradeça a Deus pelo alimento que Ele lhes dá (sugestão: um dia esta oração pode ser feita por você; outro dia pelo seu pai, pela sua mãe, pelo irmão...). Anote o que vocês sentiram fazendo esta experiência:

_____
_____
_____
_____
_____
_____
_____

16

PAIXÃO E MORTE DE JESUS

Jesus, na sua pregação, anuncia a boa-nova aos pobres, a cura aos doentes, a remissão aos presos, a liberdade aos oprimidos... (Lc 4,18). Ele defende os fracos, os doentes, os pobres, os oprimidos, ajudando-os a encontrarem o caminho da libertação.

A sua maneira de falar e de agir, dizendo "não" às injustiças, às coisas erradas que acontecem na religião e na política, não agrada aos poderosos porque vai contra os seus interesses.

As autoridades daquela época não conseguem reconhecer que Jesus é o Filho de Deus e tramam contra Ele para condená-lo à morte.

Na hora das trevas Jesus foi traído por seu amigo Judas Iscariotes, que o entregou às autoridades. Ele foi preso, julgado, açoitado, coroado com uma coroa de espinhos, condenado à morte e pregado numa cruz.

Parte I – História da salvação

Jesus aceitou livremente sua paixão e morte, por amor a Deus Pai e a todos nós, oferecendo a sua vida pela nossa salvação.

Ele carregou os nossos pecados, sofrendo dores no corpo e no espírito. Teve seu rosto cuspido e sujo de sangue. Sua veste foi arrancada pelos soldados e Ele foi humilhado, mas não perdeu a sua dignidade. Com pregos, rasgaram o seu corpo pregando-o na cruz.

Com sua morte, Jesus realiza a Nova e Eterna Aliança derramando o seu sangue. Essa aliança é para sempre e nada poderá rompê-la. Pelo seu sangue derramado na cruz os nossos pecados são perdoados.

Você se lembra da Antiga Aliança de Deus com os homens, iniciada com Abraão e confirmada com Moisés?

Com o sacrifício de seu próprio Filho Jesus, Deus estabeleceu a Nova Aliança com todas as pessoas de todos os povos e raças da terra. É uma aliança universal, aberta a todos que aceitam e creem na salvação realizada por Jesus.

Celebração

- Você é convidado a ouvir a proclamação do Evangelho de Jesus Cristo narrado por Lucas 23,33-34.44-46:
- A seguir, reflita e partilhe a Palavra de Deus.

Atividades

1) Após a partilha, anote o que você tem feito de bom aos outros, diante do que Jesus fez e faz por você:

_____

_____

_____

2) Os seguintes textos bíblicos serão trabalhados em grupo. Leia o texto pertencente ao seu grupo para se inspirar e, por meio de desenhos, construa a parte referente à Paixão e Morte de Jesus, estudada pela sua equipe:

- *Grupo 1*: Jo 13,1-15
- *Grupo 2*: Mc 15,1-15
- *Grupo 3*: Mc 15,16-20
- *Grupo 4*: Mc 15,21-28

A seguir, com a ajuda do seu catequista, elabore um ou mais painéis, colocando os desenhos na ordem dos acontecimentos. Depois, um integrante de cada grupo, diante dos desenhos, expressa com suas palavras o que foi estudado por vocês.

Com a ajuda do catequista, anote o que Jesus lhe ensina por meio destes acontecimentos:

___

___

___

___

3) Jesus sofreu em nosso lugar. Foram as nossas injustiças, mentiras, traições... que pregaram Jesus na cruz. Mas o seu amor foi mais forte que o nosso pecado. Jesus foi o único que não fugiu diante da cruz. Através da cruz Ele venceu o mal e a morte. Jesus é o vencedor da cruz.

Neste momento, num ato de adoração e louvor, convidamos todos os que estão dispostos a seguir Jesus, também no sofrimento, a beijar a cruz. Porque no Domingo de Ramos Jesus foi aplaudido pela multidão. Na Sexta-feira Santa, até o Apóstolo Pedro o negou. Se você está disposto a testemunhar Jesus sempre, na escola, na rua, até quando alguns colegas caçoam dele, você pode beijar a cruz durante o canto para representar o seu desejo.

Cantemos a vitória de Jesus na cruz:

Canto: Bendita e louvada seja (Folcmúsica religiosa – CD As mais lindas canções da Igreja católica)

> Bendita e louvada seja,
> no céu a divina luz;
> e nós também cá na terra   (bis)
> louvemos a santa cruz!
>
> Os céus cantam a vitória
> de Nosso Senhor Jesus.
> Cantemos também na terra   (bis)
> louvores à santa cruz!

Compromisso do encontro

1) Expresse com suas palavras o que você aprendeu através da Paixão e Morte de Jesus:

___

Parte I – História da salvação

_____
_____
_____
_____

2) Jesus assumiu livremente a sua morte na cruz por amor e porque não teve dúvida do que era melhor para Ele e para a humanidade. Propomos:

- Pensar numa situação de sua vida em que o comodismo tenta lhe dominar. Por exemplo: ir à missa nos dias de muito frio, ir à catequese nos dias de chuva forte, fazer a refeição na mesa com a família quando está passando seu programa preferido na TV... Não se deixe levar pelo comodismo, mas vença-o.

- Pedir a Jesus que lhe dê força e assim, vencendo o comodismo, possa assumir a sua missão de bom filho e bom cristão.

- Reze, com fé, um Pai-nosso.

Diálogo com a família

Partilhe com seus pais a mensagem que você tirou para a sua vida da Paixão e Morte de Jesus.

Em seguida, reflita diante das seguintes perguntas e anote as respostas:

– Jesus não fugiu da sua cruz. E nós, temos sido fortes, nos esforçando para vencermos as dificuldades, o egoísmo, a preguiça, o medo...?

_____
_____
_____
_____

– Temos nos preocupado em crescer na fé, para sermos fortes diante dos momentos difíceis em nossa caminhada?

_____
_____
_____
_____

17

Ressurreição e ascensão de Jesus

Jesus morreu e foi sepultado; desceu à morada dos mortos para anunciar a salvação aos justos. No terceiro dia, ressuscitou. Venceu a morte e saiu vivo da sepultura com um corpo glorioso. Apareceu a algumas mulheres que foram anunciar este acontecimento aos apóstolos. Depois, Jesus apareceu também a eles, com seu corpo martirizado e crucificado, trazendo as marcas da paixão, mas possuindo propriedades novas.

Era Domingo da Páscoa. A partir desse dia, a Páscoa, que antes era a celebração da passagem da escravidão para a liberdade do povo de Israel, com a ressurreição de Jesus tem um novo sentido e passa a ser a celebração da sua passagem da morte para a vida: a nova Páscoa.

Conforme as escrituras, cremos que da mesma forma que Cristo ressuscitou dos mortos e vive para sempre, nós também ressuscitaremos.

Após a sua ressurreição, Jesus esteve com os apóstolos durante quarenta dias para confirmá-los na fé. "Então abriu-lhes a mente para que entendessem as escrituras" (Lc 24,45), pois tudo o que aconteceu estava escrito.

A última aparição de Jesus se dá com a ascensão, que é a sua subida e entrada definitiva no céu, onde Ele, junto a Deus Pai, intercede por nós. "E enquanto os abençoava, distanciou-se deles e foi elevado ao céu" (Lc 24,51).

Celebração

- Neste momento, haverá a proclamação do Evangelho de Jesus Cristo narrado por Lucas 24,1-8.50-52.
- Em seguida, reflita e partilhe a Palavra de Deus.

Atividades

1) Após a partilha, responda com suas palavras: Você acredita no Cristo vivo, ressuscitado, presente no meio de nós? Você tem sido obediente aos seus ensinamentos?

_____
_____
_____
_____
_____
_____
_____
_____
_____
_____

2) Crer na ressurreição é acreditar que a vida é mais forte que a morte e que o bem é mais forte que o mal. Cada vez que vencemos o mal em nossa vida é uma páscoa que acontece.

Iniciação na fé – Preparação para a Primeira Eucaristia (catequizando)

Seguindo as "pistas", preencha a cruzadinha e descubra algumas qualidades que você pode conquistar para ser ainda mais feliz:

```
1 [ ][ ][ ][P][ ][ ][ ][ ]
     2 [ ][Á][ ][ ][ ][ ][ ][ ]
        3 [S][ ][ ][ ][ ][ ]
  4 [ ][ ][ ][C][ ][ ][ ][ ]
     5 [ ][O][ ][ ][ ][ ][ ]
        6 [A][ ][ ][ ][ ][ ]
```

1) Quando venço o apego aos meus brinquedos, às roupas que tenho e partilho com quem não os tem, eu me torno uma pessoa _____.

2) Quando, através da catequese, passo a ter conhecimento dos ensinamentos de Jesus, eu me torno uma pessoa _____.

3) Quando venço a vaidade eu passo a ser uma pessoa _____.

4) Quando venço a mentira eu passo a ser uma pessoa _____.

5) Quando venço o medo eu me torno uma pessoa _____.

6) Quando venço a tristeza eu passo a ser uma pessoa _____.

3) O símbolo serve para representar algo ou alguém. A Páscoa é rica em símbolos e seus significados podem nos ajudar a refletir sobre as nossas atitudes no dia a dia. Leia com atenção e responda as perguntas. Depois você pode colorir os símbolos comentados:

Círio Pascal: é uma vela grande e grossa, que se acende todos os anos, pela primeira vez, na Vigília Pascal do Sábado Santo. Representa a luz de Cristo, pois o próprio Jesus disse: "Eu sou a luz do mundo".

Sabia que, quando você se deixa levar pelo pecado, é sinal de que está caminhando no *escuro*?

Quando isso acontece é um sinal de alerta; você precisa da *luz* para fazer o que agrada a Deus.

Onde você encontra essa *luz*?

_____

_____

Parte I – História da salvação

_____
_____

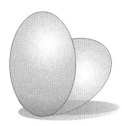

Ovo: é um símbolo de vida nova; é a promessa de um futuro cheio de alegria e felicidade para os que têm fé e esperança.

Vida nova acontece quando você deixa seus erros, maus costumes e passa a ser uma pessoa que somente faz o bem, é muito educada, trabalhadora, estudiosa, responsável.

O que precisa mudar em você para que tenha esta *vida nova*?

_____
_____
_____

Pão: simboliza o Corpo de Cristo.

Pão nos lembra partilha, refeição.

Qual a oração em que pedimos a Deus para que não nos falte o *pão*? Você tem rezado, todos os dias, esta oração?

_____
_____
_____

Vinho (às vezes, é também representado por um cacho de uvas): *simboliza o Sangue de Cristo*, que foi derramado para a remissão dos nossos pecados.

Tenho perdoado as pessoas que me ofendem?

Tenho evitado o pecado em minha vida?

_____
_____
_____
_____

Cruz: nos lembra que Jesus venceu a morte e, glorioso, passou a viver no reino de justiça e paz.

De que maneira você pode levar a justiça e a paz à escola que você estuda e a sua família?

_____
_____
_____
_____

Compromisso do encontro

1) Diante do que você aprendeu neste encontro, expresse, com suas palavras, o que quer dizer ressurreição e ascensão:

_____
_____
_____

2) Cada vez que testemunhamos a alguém o poder de Jesus nos ajudando a passar de uma situação ruim para uma situação boa, despertamos nessa pessoa a esperança e o desejo de conhecê-la melhor. Que tal colocar isto em prática? Propomos:

• Conte a um amigo ou amiga um momento de sua vida em que você percebeu a passagem de uma situação ruim para uma situação boa, a qual lhe trouxe alegria.

• Diga a ele(a) que é por esta e tantas outras situações que Jesus nos ajuda a vencer, que devemos louvar e agradecer a Deus sempre, especialmente na missa.

• Convide-o para participar da missa nesta semana. No próximo encontro, partilhe se ele(a) aceitou o convite.

Diálogo com a família

Pergunte a seus pais se eles acreditam, realmente, que o *bem* é mais forte que o *mal*. Peça a eles que lhe contem uma experiência que viveram e como experimentaram esta situação. Anote um resumo dessa conversa:

Parte I – História da salvação

_____
_____
_____
_____
_____
_____
_____

Depois, anote as suas respostas diante destas perguntas:

1) Vocês têm testemunhado aos amigos e parentes as maravilhas que o Cristo vivo realiza em suas vidas?

_____
_____
_____
_____

2) Alguma vez sentiram vergonha em falar de Jesus para as pessoas?

_____
_____
_____
_____

18

O Espírito Santo, dom de Deus

Deus é Pai e criador de tudo o que existe. Jesus Cristo é o Filho único de Deus, que deu sua vida para nos salvar. Antes da sua Páscoa, Ele nos anunciou que enviaria o Espírito Santo para nos confortar, iluminar e fortalecer no caminho da fé. Após cinquenta dias da Páscoa, comemoramos a Festa de Pentecostes, que é o envio do Espírito Santo aos apóstolos. Eles ficaram cheios de coragem, força e sabedoria e saíram pelo mundo anunciando o Evangelho a todas as pessoas.

Mas, quem é o Espírito Santo?

"Espírito" significa sopro, ar, vento. "O vento sopra onde quer e ouves o seu ruído, mas não sabes de onde vem nem para onde vai. Assim acontece com todo aquele que nasceu do Espírito" (Jo 3,8).

O Espírito Santo é a força do amor de Deus agindo no mundo e no coração dos seres humanos. Por este Espírito os filhos de Deus podem dar muitos frutos: amor, paz, alegria, bondade...

Parte I – História da salvação

É o mesmo Espírito Santo que Jesus nos envia hoje, o qual nos faz crer no Mistério da Santíssima Trindade: Pai, Filho e Espírito Santo, um único Deus em três pessoas.

Ele é o mestre da oração que age em nós e nos abençoa com os sete dons: sabedoria, entendimento, conselho, fortaleza, ciência, piedade e temor de Deus.

Por isso, é preciso pedir que nos ilumine no momento de tomarmos uma decisão, inspire bons pensamentos, nos defenda contra as maldades do mundo e nos fortaleça na fé.

Celebração

• Em pé, você é convidado a pedir a luz do Espírito, com o seguinte canto: *A nós descei, divina luz!* (CD As mais lindas canções da Igreja católica)

A nós descei, divina luz!
A nós descei, divina luz!
Em nossas almas acendei
O amor, o amor de Jesus! (bis)

Vós sois a alma da Igreja
Vós sois a vida, sois o amor.
Vós sois a graça benfazeja,
Que nos irmana no Senhor.

Divino Espírito, descei!
Os corações vinde inflamar,
E as nossas almas preparar,
Para o que Deus nos quer falar.

• Neste momento, ouça atentamente a proclamação do livro dos Atos dos Apóstolos 2,1-4. Em seguida, haverá reflexão e partilha da Palavra de Deus.

Atividades

1) Depois de ter partilhado, anote em que situações da sua vida você sente que precisa pedir ajuda ao Espírito Santo e por quê:

_____
_____
_____
_____

2) Na Bíblia, podemos encontrar alguns símbolos atribuídos ao Espírito Santo. Procure quais são eles nos seguintes versículos indicados e complete as lacunas para descobrir os seus significados:

- Lc 3,16: _____: nos lembra do batismo e da pureza.

- At 2,3: _____: energia que ilumina, aquece, purifica e tem o poder de transformar. Desperta em nós o desejo de transformar as nossas más atitudes em boas atitudes.

- Jo 3,8: _____: não sabemos de onde vem nem para onde vai, mas nos dá certeza que, na graça de Deus, somos levados para o bom caminho.

- Jo 1,32: _____: simboliza a paz, que é uma sensação tão boa que enche o nosso coração de alegria quando fazemos o bem.

3) Todos nós recebemos dons do Espírito Santo: cantar, escrever, pintar, desenhar... Que tal colocar os seus dons na seguinte música e cantarem todos juntos, agradecendo pela diversidade de dons existentes em sua turma de catequese?

Quando o Espírito do Senhor se move em mim

Quando o Espírito do Senhor se move em mim eu rezo como o Rei Davi (bis)
Eu rezo, eu rezo, eu rezo como o Rei Davi (bis)
... eu canto como o Rei Davi...
... eu danço como o Rei Davi...
... eu luto como o Rei Davi...
... eu venço como o Rei Davi...
... eu louvo como o Rei Davi...

4) Com ajuda do Espírito Santo, faça uma oração espontânea pedindo a Deus pela sua família:

_____
_____
_____
_____
_____
_____
_____

Parte I – História da salvação

Compromisso do encontro

1) Registre, resumidamente, o que você aprendeu sobre o Espírito Santo:

_____
_____
_____

2) O nosso corpo é templo do Espírito Santo, ou seja, morada de Deus. Então, propomos:

- Respeitar o seu corpo e o do próximo.
- Usar roupas adequadas.
- Cultivar os dons que recebeu, não os guardando só para si, mas colocando-os a serviço dos outros.

Diálogo com a família

Converse com seus pais e reflitam:

- Que abertura vocês estão dando ao Espírito Santo para que ele transforme as suas vidas?
- Vocês sentem o desejo de mudar de vida, ir em busca de novos valores, ou já se acostumaram com a rotina do dia a dia?
- O que, neste momento, está precisando ser renovado em vocês?

Anote, resumidamente, a conclusão da sua conversa:

_____
_____
_____
_____
_____

19

A Igreja, continuação da obra de Jesus Cristo

Depois do pecado do primeiro casal, Deus escolheu um povo que tem Abraão como pai, para iniciar um caminho, a história da salvação. Este é o povo de Deus.

Com Jesus, Deus dá continuidade à história da salvação. E com os seus discípulos e todos que aceitaram e ainda hoje aceitam e seguem sua palavra, seus ensinamentos, surge o novo povo de Deus, formando a Igreja que é guiada pelo Espírito Santo. Hoje, os bispos, em união com o papa, que é o sucessor do Apóstolo Pedro, são os pastores deste povo, do qual fazemos parte.

A Igreja é a comunidade de fé, amor, fraternidade, partilha, oração..., que se reúne em nome de Jesus. É constituída de pessoas que seguem os mesmos princípios e normas, o que garante a unidade. Por isso, ela possui alguns mandamentos que devemos observar.

A Igreja tem a missão de continuar a obra de Jesus Cristo e deve levar o seu Evangelho em todos os lugares, ambientes e situações do mundo. Como mãe, ela nos alimenta com a Palavra de Deus e os sacramentos.

Parte I – História da salvação

Para nos acompanhar em nosso caminho de fé, Jesus nos deixou Maria, sua mãe. Ela é para nós modelo de fé e caridade e é reconhecida como mãe da Igreja.

Celebração

- Ouça, atentamente, a proclamação do livro dos Atos dos Apóstolos 2,42-47.
- A seguir, você é convidado a refletir e partilhar a Palavra de Deus.

Atividades

1) Após a partilha, anote como tem sido sua participação na comunidade:

_____
_____
_____
_____
_____

2) Primeiramente, leia os mandamentos da Igreja que se encontram no final deste livro. Em seguida, tente descobri-los nos textos abaixo, grifando-os com lápis de cor ou caneta:

> – No tempo dos apóstolos, as primeiras comunidades se reuniam todos os sábados para celebrar a Fração do Pão (Eucaristia), para ouvir e meditar a Palavra de Deus. Hoje, muitos valores se perderam nas famílias, principalmente ouvir missa inteira nos domingos e festas de guarda. Não são todos que dão valor a esta oportunidade maravilhosa que Deus nos dá.

> – Jogamos muitas coisas fora (comida, roupas, brinquedos) em vez de partilhar com quem não tem; gastamos dinheiro com coisas desnecessárias em vez de ajudar alguém necessitado. Não basta enxergarmos os nossos pecados. É necessário confessar-se ao menos uma vez a cada ano ou sempre que for necessário; arrepender-se e mudar de vida para, assim, com o coração limpo, receber Jesus na Eucaristia.

– O tempo da Páscoa é o tempo mais importante do ano litúrgico. É tempo de conversão, graça e salvação. Nesse período é importante comungar ao menos pela Páscoa da Ressurreição. Porém, a comunhão é um alimento tão importante que deve ser recebido, se possível, a cada missa.

– A Quaresma é tempo de penitência. É importante jejuar e abster-se de carne quando manda a Santa Madre Igreja. É um sinal de penitência, através do qual experimentamos um pouco do sacrifício de Jesus e o sofrimento dos irmãos que passam fome.

– Dízimo é uma oferta que fazemos a Deus em sinal de agradecimento e partilha por tudo aquilo que Ele nos dá. É importante pagar o dízimo segundo o costume. Assim podemos fazer a experiência de que nada nos falta quando contribuímos com alegria.

3) Na Igreja, há pessoas que servem a Deus e ao povo em diferentes níveis. Com a ajuda do catequista, anote aqui os nomes de algumas dessas pessoas:

- *Papa:*_____
- *Bispo da diocese da sua comunidade:*_____
- *Padre(s) da sua paróquia:* _____

4) Formar dois grupos: cada grupo, com auxílio do catequista, constrói um caça-palavras, nos quadradinhos a seguir, com aproximadamente dez palavras importantes que fazem parte do texto inicial.

Em seguida, troquem seus livros com os colegas do outro grupo, de modo que ambos descubram as palavras do diagrama.

Parte I – História da salvação

Compromisso do encontro

1) Expresse, com suas palavras, o que aprendeu sobre a Igreja:

_____

_____

_____

2) A Igreja nos chama à santidade, vivendo conforme os ensinamentos de Jesus. Por isso, propomos:

• Viver o amor, a fé, a caridade, a justiça..., como verdadeiros irmãos uns dos outros.

• Que tal trazer, para o próximo encontro, um quilo de alimento ou produto de higiene, para organizarem um pacote de presente e fazer uma doação a uma família necessitada da comunidade?

Diálogo com a família

Entreviste seus pais com relação ao tema: "Ser Igreja é participar".

A Igreja é formada por várias pastorais que, de diferentes maneiras, servem à comunidade. Exemplo: Pastoral da criança, da saúde, da catequese, da juventude...

Vocês gostariam de participar de alguma pastoral, colocando-se a serviço de Deus em nossa comunidade?

___
___
___
___

Que trabalho gostariam de fazer?

___
___
___
___

O dízimo é uma oferta que fazemos a Deus em sinal de agradecimento e partilha diante de tudo o que Ele nos dá.

O dízimo é um compromisso levado a sério pela nossa família?

___
___
___
___

Obs.: No próximo encontro cada catequizando lê a sua entrevista.

20

VIDA ETERNA, A VIDA EM DEUS

A morte é a porta da vida eterna. Morrer é nascer para uma vida nova, que não conhecemos. Mas acreditamos na promessa de Deus que seremos semelhantes a Ele, porque o veremos tal como Ele é.

Os que morrem na graça e na amizade de Deus e vivem uma vida de amor e justiça entram na alegria do céu, que é a morada de Deus, com a Virgem Maria, Mãe de Jesus, com São José, os anjos e todos os santos.

Os que morrem na graça e na amizade de Deus, mas não estão preparados, passam após a sua morte por uma purificação que a Igreja chama de "Purgatório", a fim de estarem totalmente puros para entrarem na alegria do céu e estarem diante de Deus, face a face.

Aqueles que morrem em pecado mortal, sem terem se arrependido e sem acolherem o amor misericordioso de Deus, ficam separados dele para sempre, porque assim o escolheram, foi sua opção ficar longe do amor e da felicidade que só Deus pode nos dar. Sabemos que quando escolhemos algo sofremos as consequências de nossa escolha. Assim, como não sabemos nem o dia e nem a hora que partiremos para o Pai, é importante vigiarmos para não cairmos nas tentações do mundo, mas sim caminharmos numa vida de justiça e amor, na esperança de um dia entrarmos no céu.

Pense no dia mais feliz da sua vida até o momento. O que Deus preparou no céu para nós supera toda felicidade e amor que já experimentamos. Vejamos o que nos diz a Palavra de Deus: "O que os olhos não viram, os ouvidos não ouviram, e o coração do homem não percebeu, isso Deus preparou para aqueles que o amam" (1Cor 2,9).

Celebração

- Fique atento para ouvir a proclamação do Evangelho de Jesus Cristo narrado por Mateus 7,13-14.
- A seguir, haverá reflexão e partilha da Palavra de Deus.

Atividades

1) Expresse, com desenhos, os dois caminhos que Jesus nos mostra neste evangelho que acabamos de partilhar. Depois, circule qual você deve seguir:

1

Parte I – História da salvação

2

2) Em grupo, estudar os seguintes textos bíblicos e responder as respectivas perguntas:

- *Grupo 1*: Lc 16,19-31

a) O homem rico, após a sua morte, foi para o céu ou para o inferno? Por quê?

_____
_____
_____

b) Lázaro, após a sua morte, para onde foi? Por quê?

_____
_____
_____

c) A pessoa que estava no inferno, qual era a sua maior preocupação?

_____
_____

d) Deus se preocupa com a nossa salvação e envia pessoas para que, por meio da Igreja, nos orientem e nos ensinem o verdadeiro caminho que é Jesus Cristo. Quem são essas pessoas? Por que devemos ouvi-las?

e) Anote sugestões de atitudes que nos ajudam a conquistar o céu a cada dia. Siga os exemplos e complete: rezar mais, ser educado...

f) Após terem estudado o texto bíblico (Lc 16,19-31), qual é a mensagem que vocês aprenderam e poderiam ensinar?

- *Grupo 2*: Mt 25,31-46

a) De que maneira acontecerá o julgamento final?

b) Qual o critério que Jesus usará para avaliar as nossas obras?

Parte I – História da salvação

c) O que Jesus nos ensina no versículo 40, que diz: "Em verdade vos digo: cada vez que o fizeste a um desses meus irmãos mais pequeninos, a mim o fizeste"?

_____

_____

_____

d) Pense um pouco:

Quantas vezes deixamos de ajudar os pequeninos? (ajudar é poder fazer o outro feliz)

Siga os seguintes exemplos, completando com outras coisas que vocês se lembrarem.

Deixo de ajudar os pequeninos (meu próximo) quando deixo de ajudar a minha mãe no trabalho de casa, deixo de partilhar minhas coisas...

_____

_____

e) Anote sugestões de atitudes que nos ajudam a conquistar o céu a cada dia. Siga os exemplos e complete: rezar mais, ser educado...

_____

_____

_____

_____

f) Após terem estudado o texto bíblico (Mt 25,31-46), qual é a mensagem que vocês aprenderam e poderiam ensinar?

_____

_____

_____

_____

3) Em dupla, leia com atenção o texto abaixo e relacione a 1ª com a 2ª coluna, colocando a letra correspondente:

Se quiser ter a vida eterna, ame a Deus de todo o seu coração, de toda a sua mente, com todas as suas forças e ao próximo como a si mesmo. A vida eterna consiste em conhecer o verdadeiro Deus e Jesus Cristo, que Ele enviou. Ressuscitando dos mortos, foi constituído por Deus Senhor da vida e de todas as coisas, tanto visíveis como invisíveis. Se quiser ser discípulo seu e membro da Igreja, é preciso que seja instruído em toda a verdade revelada por Ele; que aprenda a ter os mesmos sentimentos de Jesus Cristo e procure viver segundo os preceitos do Evangelho; e, portanto, que ame o Senhor Deus e o próximo como Cristo nos mandou fazer, dando-nos o exemplo.

(a) Se quisermos ter a vida eterna   ( ) conhecer o verdadeiro Deus e Jesus Cristo, que Ele enviou, que ressuscitando dos mortos foi constituído por Deus Senhor da vida e de todas as coisas visíveis e invisíveis.

(b) A vida eterna consiste em   ( ) devemos amar a Deus de todo o coração, de toda a nossa mente, com todas as nossas forças e ao próximo como a nós mesmos.

(c) Para sermos discípulos de Jesus e membros da Igreja   ( ) é preciso que sejamos instruídos por toda a verdade revelada por Ele.

(d) Precisamos aprender   ( ) segundo os preceitos do Evangelho, amando a Deus e ao próximo como Cristo nos mandou e nos ensinou.

(e) Devemos procurar viver   ( ) a ter os mesmos sentimentos de Jesus Cristo

Compromisso do encontro

1) Diante do que você aprendeu, anote o que se deve fazer para ter a vida eterna:

_____
_____
_____

2) Deus quer que todos os seres humanos possam estar um dia junto dele no céu. Propomos:

Parte I – História da salvação

- Rezar, durante esta semana, por todas as pessoas que não conhecem Jesus Cristo e, por isso, não têm a plena luz da vida anunciada por Ele. Peça a Deus que toque os seus corações e assim elas descubram o verdadeiro caminho, verdade e vida, que é Jesus, e possam entrar um dia no céu.

- Copie e reze o Credo, que é a profissão da nossa fé.

Diálogo com a família

Conte a seus pais o que você mais gostou de aprender sobre a vida eterna. A seguir, converse com eles, também, em relação às seguintes perguntas, anotando as suas respostas:

– Como viver hoje num mundo novo?

– O que sabemos, hoje, sobre a vida e sobre a morte?

_____
_____
_____
_____
_____
_____
_____

PARTE II

Os sacramentos

BATISMO

CRISMA

PENITÊNCIA

EUCARISTIA

UNÇÃO DOS ENFERMOS

ORDEM SACERDOTAL

MATRIMÔNIO

1

Sacramentos, sinais de Jesus Cristo no caminho

O sacramento é um sinal do amor de Deus representado por gestos visíveis às pessoas.

Jesus é o anúncio e acontecimento da salvação. Ele é a fonte de todos os sacramentos, que são os mistérios de Deus agindo na vida de todos aqueles que o acolhem. A missão da Igreja é anunciar e realizar a salvação trazida por Jesus.

Vejamos os sinais escolhidos por Ele como sacramentos:

1) *Batismo*: nos torna cristãos, filhos de Deus e participantes da comunidade.

2) *Confirmação ou crisma*: nos faz adultos na fé e comprometidos com a missão da Igreja.

3) *Eucaristia*: nos alimenta com a vida de Jesus.

4) *Penitência ou confissão*: nos faz voltar à amizade com Deus e com os irmãos.

5) *Unção dos enfermos*: nos dá alívio espiritual e físico quando estamos doentes.

6) *Ordem*: nos consagra à vida de Deus e ao serviço à comunidade.

7) *Matrimônio*: através deste sacramento os esposos prometem amar como Jesus amou. O amor do casal é um sinal do amor de Deus para com a sua Igreja.

Os sacramentos são sinais que mostram a presença de Jesus em nós, manifestando o amor de Deus Pai. Eles nos acompanham do início ao fim da nossa vida e estão presentes nos momentos mais importantes, nos comunicando e dando vida. São sinais do nosso encontro com Deus.

Celebração

- Ouça, com atenção, o que nos diz a Primeira Carta de São Paulo aos Coríntios 1,4-9 sobre os sacramentos.
- Em seguida, haverá reflexão e partilha da Palavra de Deus.

Atividades

1) Após a partilha, anote os sinais que lhe fazem lembrar-se de Deus:

_____
_____
_____
_____
_____
_____
_____
_____
_____

Parte II – Os sacramentos

2) Os símbolos são sinais sagrados que nos comunicam algo do mistério que celebramos. Com ajuda do seu catequista, desenhe os símbolos dos sete sacramentos:

3) A própria igreja é sacramento. Ela é sinal da presença de Jesus. Nela nos reunimos para celebrar a nossa fé. Façam, agora, uma visita à igreja (ou capela), para que possam conhecer um pouco mais sobre ela. Fiquem atentos às explicações do catequista.

Compromisso do encontro

1) Anote, resumidamente, o que aprendeu sobre os sacramentos:

_____
_____
_____
_____

2) Com certeza, a visita à igreja (ou capela) o ajudou a conhecer melhor alguns dos sinais visíveis do amor de Deus. Propomos:

• Para memorizar complete as seguintes frases, observando as iniciais em negrito:

– A **I**_____ nos alimenta através da Palavra e dos sacramentos.

– A **p**_____ batismal é o lugar onde nascemos para a vida nova em Cristo.

– A mesa da **P**_____ é o lugar onde é proclamada a Palavra de Deus.

– O **a**_____ é Cristo. Nele o próprio Senhor entrega seu Corpo e seu Sangue como alimento para a vida de todos.

– A **c**_____ do presidente da celebração é a cadeira de Jesus, pois o padre é o representante dele.

– A **c**_____ indica o Cristo morto, ressuscitado e vitorioso.

– Os **b**_____ da igreja representam o lugar do povo de Deus, que somos todos nós.

– No **s**_____ se encontram as sagradas espécies (hóstias consagradas) que são guardadas, após a missa, para serem levadas aos doentes que não puderam participar da celebração.

– A **l**_____ do Santíssimo acesa é sinal da presença do Cristo vivo.

• Ensinar a alguma pessoa o valor desses sinais.

Parte II – Os sacramentos

Diálogo com a família

Os momentos com a família nos ajudam a viver a força dos sinais do amor de Deus.

Peça aos seus pais que lhe contem que importância têm os sinais familiares na sua vida. Por exemplo: pedir a bênção, sentar-se juntos no momento das refeições, um beijo antes de sair de casa ou na chegada, oração em família...

Que sinais vocês estão precisando resgatar para viverem mais unidos e felizes?

- Anote, a seguir, um resumo da sua conversa:

_____
_____
_____
_____
_____
_____
_____
_____
_____
_____

2

BATISMO, UM NOVO NASCIMENTO

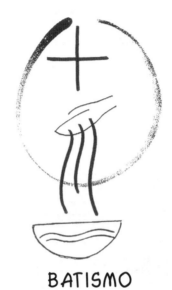

BATISMO

Jesus instituiu o Sacramento do Batismo, dizendo aos apóstolos: "Ide, portanto, e fazei que todas as nações se tornem discípulos, batizando-as em nome do Pai, do Filho e do Espírito Santo" (Mt 28,19).

O batismo é o nascimento dos novos filhos de Deus. É o primeiro sinal que recebemos como cristãos. Ao sermos batizados, fazemos parte da Igreja de Jesus.

O batismo é a fonte da vida nova em Cristo. Este sacramento é sinal do novo nascimento. É morrer para o pecado e nascer para uma vida nova.

Na noite da Páscoa, o padre faz a bênção da água batismal com uma oração. A Igreja pede a Deus que, pelo seu Filho, o poder do Espírito Santo desça sobre essa água, para que os que nela forem batizados "nasçam da água e do Espírito" (Jo 3,5).

O batismo é necessário para a nossa salvação. Por isso, os batizados devem professar diante de todos a fé que pela Igreja receberam de Deus e devem participar da comunidade.

Parte II – Os sacramentos

Celebração

• Você será convidado pelo catequista para ajudá-lo a organizar a encenação de um batizado. Colabore!

• Iniciar ouvindo a proclamação do Evangelho de Jesus Cristo, narrado por João 3,1-8, que o ajudará a entender melhor o batismo.

• Em seguida, haverá reflexão da Palavra de Deus.

• Neste momento, será dada sequência à encenação do batizado. Ao final, todos aplaudem.

• Após ter participado dessa encenação, cada catequizando deve fazer uma das seguintes perguntas ao catequista, para entender melhor os sinais do batismo:

a) Por que o nome do batizado é escrito em um livro? Que livro é este?

b) O que representa o sinal da cruz na testa?

c) O que simboliza o óleo?

d) O que simboliza a água?

e) O óleo usado para ungir a testa do batizado possui um perfume. Por quê?

f) O que representa a veste branca?

g) O que significa a vela acesa?

• Neste momento, será realizada a partilha da Palavra de Deus, que foi proclamada e refletida durante a encenação (Jo 3,1-8).

Atividades

1) Após a partilha expresse, com suas palavras, como você se sente por ser batizado(a) e se foi importante conhecer o significado dos sinais do batismo:

_____
_____
_____
_____

2) Para memorizar desenhe, nos seguintes quadros, os principais sinais do batismo e explique o que simbolizam:

Parte II – Os sacramentos

Compromisso do encontro

1) Leia a seguinte carta e, diante do que você aprendeu, responda-a, esclarecendo o real significado dos sinais do batismo.

> Olá, amigo! Tudo bem com você?
>
> Está muito atarefado ultimamente ou dá para aceitar um convite especial?
>
> Você se lembra da irmã da Adriana, aquela que sempre nos presenteava com chocolates?
>
> Sabe, Paulo, você nem vai acreditar, ela se casou e teve um filho.
>
> Quer saber o nome dele? Só que vai ficar na curiosidade, pois nem eu sei. Nunca ouvi ninguém chamá-lo pelo nome; apenas ouço: como o campeão é lindo! Fofinho!
>
> A Adriana vai presenteá-lo com uma roupa, mas está em dúvida: não sabe se compra vermelho, azul-marinho ou verde. Ela quer que no dia do batizado ele use uma roupa bem chocante.
>
> Você já foi a algum batizado?
>
> Pois eu já fui em alguns, mas nunca prestei muita atenção. Lembro-me que vi o padre fazer um sinal na testa do batizado, mas não faço idéia do que aquele sinal possa representar. Vi também que foi usado um vidro que devia ter algum tipo de perfume dentro, pois senti um cheiro muito bom. Achei engraçado e me perguntei: por que faz parte do rito do batismo este perfume?
>
> Outra coisa que me lembro é uma vela acesa. Não sei por que foi usada, pois não havia acabado a energia elétrica e o dia estava bem claro, com a luz do sol brilhando.
>
> Sabe, Paulo, teve uma hora que foi derramada água na cabeça do batizado. Eu achei legal, pois fazia muito calor.
>
> Outra coisa que me lembrei e vou até contar para a Adriana: as pessoas que compraram as roupas para as crianças que estavam sendo batizadas não optaram por roupa colorida ou chocante, mas escolheram roupa branca. Será que foi no sentido de pedirem paz para o mundo?
>
> Sei lá! Tem tanta coisa que não entendo! Quem sabe um dia encontro alguém que me esclareça as cerimônias do batismo, ou prestando mais atenção na celebração eu possa entendê-los!
>
> Que tal você ir comigo ao batizado do sobrinho da Adriana! Quem sabe ficaremos sabendo o nome dele!
>
> Um abraço.
>
> Maria

Agora imagine se você fosse o Paulo, amigo de Maria, que ao receber a carta já tivesse aprendido sobre o batismo na catequese. Aproveite para respondê-la, esclarecendo os verdadeiros significados dos ritos do batismo. Desta forma, você estará memorizando-os e dificilmente os esquecerá.

_____
_____
_____
_____
_____
_____
_____
_____
_____
_____
_____
_____
_____
_____
_____
_____
_____
_____

2) Não podemos deixar apagar essa chama que é a luz do batismo, a luz de Cristo em nossa vida. É pelas obras que praticamos que vamos conservá-la acesa. Propomos:

- Participar da missa toda semana.
- Partilhar, com os amigos, as maravilhas de Deus em sua vida.
- Praticar boas ações na escola, em casa, na comunidade...
- Respeitar os mais velhos.
- Ajudar os necessitados.
- Evitar o pecado, analisar suas atitudes, comportamentos...

Parte II - Os sacramentos

Diálogo com a família

Fale a seus pais sobre os sinais do batismo e o que mais gostou de aprender neste encontro.

Depois, pergunte-lhes:

– Que significado teve o meu batismo para vocês no dia em que fui batizado?

– E, hoje, o significado é o mesmo? Ou vocês o valorizam de uma maneira diferente?

Anote as respostas:

___
___
___
___
___
___
___
___
___
___

3

Confirmação, a força do Espírito Santo

CRISMA

A confirmação ou crisma nos dá a graça de vivermos o Sacramento do Batismo como adultos na fé. Recebemos a força do Espírito Santo para nos tornarmos mais firmes como membros adultos da Igreja. Este sacramento é dado aos cristãos como sinal de maturidade, quando ele já tem condição de professar a sua fé e sente o desejo de assumir a sua missão de discípulo e de testemunha de Cristo. O Sacramento da Confirmação é administrado pelo bispo.

Na celebração da confirmação, o crismando renova as promessas do batismo. O bispo, impondo as mãos sobre todos os crismandos, invoca o Espírito Santo. Depois, ele faz a imposição das mãos sobre cada um e unge-o com o óleo sagrado, dizendo: "Recebei, por este sinal, o dom do Espírito Santo".

Na confirmação, o Espírito Santo vem a nós com sua luz, dons e força. Ele nos torna cristãos firmes na fé e, pela sua força, nos faz participar mais intensamente da missão de Jesus, pela graça dos sete dons: sabedoria, entendimento, conselho, fortaleza, ciência, piedade e temor de Deus.

Celebração

– Em pé e com muita alegria, peça a luz do Espírito Santo, cantando:

Canto: *Vem, Espírito Santo!* (Frei Sperandio – letra adaptada)

Vem, Espírito Santo, vem!
Vem iluminar. (bis)

Este teu povo vem, iluminar.
Nossas ideias vêm, iluminar.

A tua Igreja vem, iluminar.
A catequese vem, iluminar.

Nossas crianças vêm, iluminar.
Os catequistas vêm, iluminar.

– Sentado, você ouvirá a proclamação do livro dos Atos dos Apóstolos 8,14-17. Em seguida, haverá reflexão e partilha da Palavra de Deus.

Atividades

1) Como batizado e participante da catequese, você já tem alguma condição para falar de Jesus aos seus amigos e parentes. Anote algo que aprendeu sobre Ele e irá ensinar a outros:

_____
_____
_____
_____

2) Que tal, agora, conhecer um pouco sobre os sete dons do Espírito Santo, para depois, em dupla, completar os seguintes diálogos?

Sabedoria   A sabedoria é o dom que irradia a luz de Deus e nos inspira com palavras sábias, indicando-nos o pensamento e a vontade dele.

Entendimento   O dom do entendimento nos dá a graça de termos um coração sensível às coisas de Deus, facilitando a nossa compreensão diante do que Ele nos quer transmitir, pela sua Palavra e pelos acontecimentos da vida.

Ciência — Com o dom da ciência, o Espírito Santo ilumina a nossa mente a valorizarmos cada vez mais a criação de Deus; assim, à luz da verdade, que é a luz de Deus, reafirmamos a nossa fé.

Conselho — O dom do conselho nos dá a graça de agirmos de acordo com o bem, conforme a vontade de Deus.

Piedade — A piedade é um dom que nos aproxima de Deus e nos dá a graça de amar, servir e respeitar o próximo.

Fortaleza — Com o dom da fortaleza, o Espírito Santo nos dá força para vencermos as dificuldades e o mal.

Temor de Deus — O temor de Deus é o dom que nos dá a graça de reconhecermos Deus como nosso Pai e, com humildade e amor, vivermos como irmãos.

Diálogos

– Ana, estudei muito esta semana, mas estou com medo de não ir bem na prova. Eu não queria me sentir assim fraco e inseguro.

– Rafael, peça a Deus o dom da _____. Este dom o ajuda a não desanimar e lhe dá força para vencer as dificuldades.

– Márcia, meus amigos vivem me chamando de bobo porque eu não entro na onda deles: "matar" aula uma vez por semana e fazer uma série de coisas erradas. Chegam a caçoar de mim e dizer que se eu continuar desse jeito, querendo fazer tudo certinho, vou acabar virando santo.

– Preciso ajudá-los a enxergar que suas atitudes não são boas, mas não sei que palavras usar para convencê-los. O que devo fazer?

– Pedro, peça o dom da _____ para que Deus lhe inspire com palavras sábias que vêm dele.

Parte II – Os sacramentos

— Cíntia, às vezes leio a Bíblia e não entendo nada. Outras vezes leio e consigo compreender o que Deus está me falando. Gostaria de entender a Palavra de Deus sempre, não apenas de vez em quando.

— Daniel, cada vez que você ler a Bíblia, peça a Deus o dom do _____ _____. Deus lhe dará um coração sensível, facilitando a sua compreensão diante das coisas dele e, certamente, você entenderá a sua mensagem.

— Teresa, minha amiga precisa tomar uma decisão: se ela aceita ou não passar as férias na casa da tia dela.

— Lá ela terá oportunidade de passear bastante, comer comidas diferentes, brincar com seus primos, mas, ao mesmo tempo, ela está pensando em seus irmãos menores, que passarão as férias em casa. Sua mãe lhe disse que ela deve aproveitar esta oportunidade, pois, quando seus irmãos crescerem, eles também passearão.

— Mesmo assim, ela está cheia de dúvidas e veio pedir a minha opinião. O que devo lhe dizer?

— Flávio, diga-lhe para pedir a Deus o dom do _____ . Primeiro ela deve consultá-lo e, iluminada por Ele, agir conforme a sua vontade.

— Sandra, depois que deixei de participar da missa aos domingos e fazer minhas orações, percebi que tenho me tornado uma pessoa egoísta, pensando apenas em mim.

Quando alguém me pede uma ajuda na escola, ou uma esmola na rua, arrumo uma desculpa e faço pouco caso. Gostaria de agir diferente, mas não consigo; quando vejo já magoei as pessoas.

— Roberto, volte a participar da missa e a fazer as suas orações. Cultive o seu relacionamento com Deus e peça a Ele o dom da _____ para que, estando em sintonia com Ele, você seja uma pessoa piedosa, capaz de amar, respeitar e servir a todos, especialmente os que lhe pedirem ajuda.

Iniciação na fé – Preparação para a Primeira Eucaristia (catequizando)

– Ângela, tenho uma amiga que é orgulhosa, que pensa que só ela sabe tudo e que não quer depender de ninguém. Você acha que ela é uma pessoa feliz? Será que ela teme a Deus?

– Não, José! Agindo assim, ela não é uma pessoa feliz. Precisamos ajudá-la, pedindo a Deus que lhe dê o dom do _____, para que ela descubra que somos todos irmãos e filhos do mesmo Pai e, assim, comece agir com humildade e amor.

– Regina, minha professora falou sobre o Projeto Genoma, através do qual alguns cientistas são capazes de produzir a cópia (clone) de um animal e até de um ser humano. Esse mundo científico, às vezes, nos deixa confusos.

– Sabe, Wilson, nestes momentos de incerteza nunca deixe de pedir a Deus o dom da _____ que lhe permitirá ver as coisas à luz de Deus, que é a luz da verdade que reafirma a nossa fé. A nossa certeza é que fomos criados à imagem e semelhança de Deus, que somos únicos e jamais seremos cópia de alguém.

3) Em equipe, elaborar um mural colando figuras de jornais e revistas para identificar a presença dos dons do Espírito Santo presentes no mundo.

Para finalizar o encontro, façam todos juntos a seguinte oração:

> Senhor Jesus, ajude-nos para que, depois de recebermos a primeira comunhão, não nos acomodemos, mas sejamos perseverantes na fé. E, quando tivermos idade, desperte em nós o desejo de participar da confirmação e receber esses dons maravilhosos do Espírito Santo. Assim fortalecidos, ajudarmos na construção de um mundo melhor, com mais amor. Amém.

Compromisso do encontro

1) Anote o que de mais importante você aprendeu sobre o sacramento da confirmação ou crisma:

_____
_____
_____
_____

Parte II – Os sacramentos

2) O Sacramento da Confirmação é um dos sinais visíveis da ternura e do amor de Deus por nós. Propomos:

• Ler novamente o significado dos sete dons do Espírito Santo que constam na atividade 2.

• Em seguida, peça ao Espírito Santo para iluminá-lo na escolha de dois desses dons para entregá-los, um a seu pai e outro a sua mãe.

• Depois que fizer o diálogo com a família, entregue aos seus pais os dons que você escolheu. Convide-os a pedirem a Deus a graça de colocá-los em prática.

Obs.: caso seus pais não se lembrem do significado desses dons, explique-lhes.

Diálogo com a família

Conte a seus pais o que você aprendeu neste encontro.

Depois, faça-lhes a seguinte pergunta: De que maneira vocês têm assumido a responsabilidade de cristão adulto?

Anote a resposta deles:

_____
_____
_____
_____
_____
_____
_____

4

Eucaristia, a Páscoa de Jesus

EUCARISTIA

A palavra Eucaristia quer dizer ação de graças; é uma proclamação das maravilhas de Deus em nossa história.

O povo de Deus foi escravo no Egito. Clamou a Deus que, com mão forte, o libertou. Para se lembrar para sempre desta libertação Deus mandou celebrar a Páscoa. Para isso Deus ordenou à comunidade de Israel que na noite da Páscoa sacrificasse um cordeiro por família e marcasse com o seu sangue as portas de suas casas. Pediu para comer a carne assada, com pães ázimos (pães sem fermento, pães da pressa). Assim eles fizeram.

Nesta mesma noite, caiu sobre o Egito a décima praga. É a noite em que o Anjo de Deus passou por todas as casas e feriu com a morte os primogênitos dos egípcios. Mas, Deus não permitiu a entrada do Anjo Exterminador nas casas em que as portas estavam marcadas com o sangue do cordeiro. Nesta noite, Deus fez sair o seu povo do Egito e abriu o Mar Vermelho para que eles pudessem atravessá-lo a pé enxuto.

O exército do faraó, que os perseguia, também entrou no mar, mas Deus mostrou o seu poder, cobrindo-o com as águas. E não sobrou nenhum egípcio.

Parte II – Os sacramentos

Depois da libertação do Egito, a Páscoa tornou-se a recordação da passagem da escravidão para a liberdade.

Na Última Ceia, Jesus celebra a Páscoa, sentado com seus discípulos. Ele, agora, oferece o pão como comida e o vinho como bebida, para representar o seu Corpo e o seu Sangue, pois a nova Páscoa é a passagem de Jesus deste mundo para o Pai. O pão e o vinho são os sinais do dom de sua vida.

É importante olharmos como Deus agiu e age em nossa vida. Recordar e relembrar o passado nos dá a certeza do poder de Deus agindo em nós.

Hoje, celebramos a Páscoa, não mais em memória da passagem do Mar Vermelho, mas em memória da passagem de Jesus Cristo, de sua morte para a ressurreição.

Celebração

- Ouça, com atenção, o que Deus nos fala no livro do Êxodo 14,21-31.
- A seguir, reflita e partilhe a Palavra de Deus.

Atividades

1) Depois de ter partilhado, descreva um acontecimento da sua vida que você gosta de se lembrar porque lhe faz sentir a grandeza do amor de Deus por você:

_____
_____
_____
_____
_____
_____
_____
_____

2) A noite da Páscoa é uma noite cheia de símbolos.

Neste momento, vocês são convidados a organizar as mesas que representam a Festa da Páscoa do Antigo e do Novo Testamento com os objetos e alimentos, conforme está indicado nos seguintes quadros:

Iniciação na fé – Preparação para a Primeira Eucaristia (catequizando)

Mesa da Páscoa do Antigo Testamento

Nesta mesa estão presentes os sinais da noite da libertação, nos lembrando da amargura da vida no Egito, mas, também, pelo vinho, símbolo da festa da libertação.

- mesa festiva
- ovo cozido
- dois pães ázimos
- verduras amargas, raízes fortes e legumes (salsão, rabanete, batatas cozidas)
- osso assado
- pasta de nozes e maçãs raladas, misturadas com vinho
- vinho
- Bíblia
- velas

Mesa da Páscoa do Novo Testamento

Nesta mesa estão presentes os símbolos da nova Páscoa. Celebramos a passagem de Jesus deste mundo para o Pai, dando seu Corpo e seu Sangue pela redenção de todos os seres humanos.

- mesa festiva
- pão ázimo
- cálice com vinho
- velas
- Bíblia
- flores

Agora, cantem a seguinte música com a pergunta por que a noite da Páscoa é diferente das outras noites:

Canto (sugestão): Canto das crianças (Kiko Argüello)

> *Por que esta noite é diferente
> de todas as outras noites?*
> De todas as outras noites?
>
> *Que todas as outras noites vamos para a cama cedo e não ficamos levantados.*
> E não ficamos levantados.
>
> *Mas esta noite, esta noite, estamos levantados.*
> Mas esta noite, esta noite, estamos levantados.

Parte II – Os sacramentos

*Por que esta noite é diferente
de todas as outras noites?*
De todas as outras noites?

Que todas as outras noites vamos para a cama cedo, depois de ter jantado.
Depois de ter jantado.

Mas esta noite, esta noite, temos jejuado.
Mas esta noite, esta noite, temos jejuado.

*Por que esta noite é diferente
de todas as outras noites?*
De todas as outras noites?

Que todas as outras noites vamos para a cama cedo e não esperamos nada.
E não esperamos nada.

Mas esta noite, esta noite, estamos esperando.
Mas esta noite, esta noite, estamos esperando.

*Por que esta noite é diferente
de todas as outras noites?*
De todas as outras noites?

Para estar levantados, para ter jejuado, para estar todos esperando.
Para estar levantados, para ter jejuado, para estar todos esperando.

Neste momento, fiquem atentos porque o catequista vai lhes explicar os sinais representados pelos alimentos e objetos das duas mesas (do AT e do NT), pois tudo tem um significado especial. Em seguida, todos se servirão dos alimentos.

3) Depois de ter participado da preparação das mesas (do AT e do NT) e ter aprendido o significado dos símbolos, procure se lembrar quais são eles e preencha as lacunas das seguintes frases:

Mesa da Páscoa do Antigo Testamento

• _____: um símbolo da tristeza, mas, ao mesmo tempo, expressa a nossa esperança.

• _____, _____ e _____: mergulhados em água salgada, simbolizam as lágrimas amargas derramadas por nossos antepassados.

• _____: lembra o pão que nossos pais comeram no deserto.

• _____: lembrança do sacrifício pascal.

Iniciação na fé – Preparação para a Primeira Eucaristia (catequizando)

- _____ e _____ misturadas com vinho: simbolizam a argamassa com a qual trabalhavam nossos antepassados, no Egito.
- _____: sinal da presença de Deus, que nos conserva na vida.
- _____: é a Palavra de Deus.
- _____: sinal de festa.

Mesa da Páscoa do Novo Testamento

- _____: simboliza o Corpo de Cristo.
- _____: simboliza o Sangue de Cristo.
- _____: sinal da presença de Deus.
- _____: é a Palavra de Deus.

Compromisso do encontro

1) Diante do que foi realizado neste encontro, o que você gostou do que aprendeu?

_____
_____
_____
_____
_____
_____
_____
_____

2) Somos convidados pela Igreja a participarmos da Festa da Páscoa. Propomos:

- Preparar-se espiritualmente para esta grande festa.
- Na Sexta-feira Santa, fazer algum tipo de sacrifício: não comer carne, ou doce, ou chocolate..., não desobedecer os pais, não julgar ou brigar com os outros..., experimentando, assim, um pouco da dor e do sofrimento de Jesus, que deu a sua vida na cruz por amor a nós.

- Com o coração cheio de amor, peça a Jesus que na noite da Páscoa você possa nascer para uma vida nova com mais humildade, amor e alegria.

Diálogo com a família

Peça que seus pais lhe contem que história eles estão celebrando na Eucaristia e que importância tem a missa na vida deles?

Anote o que foi mais importante para você dessa conversa:

_____
_____
_____
_____
_____
_____
_____
_____

Pergunte-lhes por que na Semana Santa, no sábado à noite, a celebração é demorada e por que esta noite é diferente de todas as outras noites? Anote a resposta deles e não deixe de convidá-los para, juntos, participar da celebração nesse dia.

_____
_____
_____
_____
_____
_____
_____
_____

5

Eucaristia, celebração da Páscoa hoje

EUCARISTIA

Antes da sua morte na cruz, Jesus fez a última refeição com os apóstolos, chamada de Última Ceia. "Enquanto comiam, Ele tomou um pão, abençoou, partiu-o e distribuiu-lhes, dizendo: "Tomai, isto é o meu corpo". Depois, tomou um cálice e, dando graças, deu-lhes, e todos dele beberam. E disse-lhes: "Isto é o meu sangue, o sangue da Aliança, que é derramado em favor de muitos..." (Mc 14,22-24). Desse modo, Jesus instituiu o Sacramento da Eucaristia.

Na Eucaristia, Jesus está realmente presente, sob as espécies do pão e do vinho, que representam o seu Corpo e Sangue oferecidos para nos salvar, para nos libertar dos pecados que nos escravizam.

Na santa missa celebramos o fundamento da nossa fé: o memorial da Paixão, Morte e Ressurreição de Jesus Cristo, que podemos identificar na Oração Eucarística. Celebramos a nossa própria vida, a nossa salvação. Por isso, é importante participar da missa todos os domingos e dias santos de guarda.

Ao comungar nós recebemos o próprio Jesus como alimento espiritual para sustentar-nos na fé e esperança. Foi Ele mesmo que disse: "Quem come a minha carne e bebe o meu sangue, permanece em mim e eu nele" (Jo 6,56).

Parte II – Os sacramentos

Para receber Jesus na Primeira Eucaristia é necessário um tempo de preparação. É preciso primeiro conhecê-lo como caminho, verdade e vida e, assim, amá-lo seguindo seus ensinamentos. Assim conscientizado, você saberá valorizar e, certamente, desejará receber a Eucaristia. Jesus o espera neste sacramento de amor.

Celebração

Vocês se lembram do primeiro encontro sobre a Eucaristia no qual vocês organizaram as mesas da Páscoa do Antigo e do Novo Testamento?

Nesta celebração, vocês são convidados a levarem os objetos em procissão e a organizarem as duas mesas que fazem parte da santa missa: a Mesa da Palavra e a Mesa da Eucaristia (altar). É necessário, também, colaborarem como leitores. Participem!

Agora, sigam os passos da celebração.

Iniciemos saudando à Santíssima Trindade, cantando:

Canto: Deus Trino (Paulo Roberto – CD Rio de Água viva)

Em nome do Pai,
Em nome do Filho,
Em nome do Espírito Santo,
Estamos aqui. (bis)

Para louvar e agradecer
Bendizer, adorar,
Estamos aqui, Senhor, ao teu dispor.
Para louvar e agradecer
Bendizer, adorar, te aclamar
Deus trino de amor.

Organização da Mesa da Palavra

Comentarista: A *Mesa da Palavra* é tão importante quanto a Mesa da Eucaristia. É dessa mesa que o Senhor Deus nos fala e demonstra todo o seu imenso amor para conosco. Participemos, agora, da organização dessa mesa que nos fala por meio dos objetos.

1º leitor: Eis aqui a Mesa da Palavra. Ela é sinal de escuta, de silêncio interior, de atenção, de acolhimento. É ao redor dessa mesa que nós nos reunimos para escutar o que o Senhor quer nos falar.

Todos: Senhor, que nós saibamos fazer silêncio para escutar a vossa Palavra.

2º leitor: Eis aqui a *toalha*. Com ela recobriremos a Mesa da Palavra onde vai ser depositada uma preciosidade: a Bíblia Sagrada, que é o livro mais importante do mundo.

Todos: Senhor, que estejamos sempre de coração bem aberto para acolher a vossa Palavra.

3º leitor: Eis aqui a *Bíblia*. Ela é a ponte de ligação, um canal de comunicação entre Deus e nós. Ela é a fonte de onde jorra a água viva que mata toda a nossa sede. A Bíblia nos fala de Jesus, o Filho de Deus, que veio nos ensinar a viver e a amar como Ele viveu e amou.

Todos: Senhor, ajudai-nos a entender a vossa Palavra e a viver de acordo com os vossos ensinamentos.

Comentarista: Com alegria, vamos acolher a Palavra de Deus e, através deste canto, expressar o que ela representa para nós:

Canto (sugestão): Tua Palavra é lâmpada (Simei Monteiro)

> Tua Palavra é lâmpada para os meus pés, Senhor.
> Lâmpada para os meus pés e luz
> Luz para o meu caminho. (bis)

Comentarista: Agora, ouçam, atentamente, a proclamação do Evangelho de Jesus Cristo narrado por Lucas 22,7-20.

– A seguir, haverá reflexão da Palavra de Deus.

Organização da Mesa da Eucaristia

Comentarista: Em pé, vamos dar sequência organizando a mesa eucarística. A *Mesa da Eucaristia* é a mesa do pão e do vinho, a mesa da alimentação. É dessa mesa que o Senhor se dá a nós num gesto de extremo amor. Participemos agora da organização dessa mesa simbólica, que nos fala em todos os seus objetos:

Parte II – Os sacramentos

1º leitor: Eis aqui a *mesa*. Ela é sinal de confraternização. Ao redor da mesa nos sentamos para dialogar, planejar, estudar, decidir e realizar. É também da mesa que recebemos o alimento que nos sustenta e fortalece. A mesa é ponto de concentração dos esforços do homem, da sua inteligência e de suas decisões.

Todos: E vós, Senhor, escolhestes a mesa para vos encontrardes conosco no amor.

2º leitor: Eis agora a *toalha*. Normalmente a Mesa Eucarística é revestida com toalhas de linho, que é plantado, cultivado, colhido, preparado, tecido e confeccionado por milhares de mãos nos campos, nos teares, nas fábricas. É um tecido fino e nobre. E Deus merece o que há de melhor.

Todos: Mas para vós, Senhor, o ser humano é mais nobre, mais digno e precioso que todo o linho, todo o ouro e toda a prata. Vós quereis morar em nossa vida e nos fazer templos vivos da vossa presença.

3º leitor: Eis aqui a *vela*. Ela é feita da cera que as abelhas fizeram do néctar das flores. É o resultado de um trabalho paciente, feito em equipe. E a vela lentamente se deixa queimar, ser consumida pelo fogo, para que a sua volta reine a luz e as trevas sejam expulsas. Cristo é a luz que ilumina todo o homem. A vela é também símbolo do cristão, que deve orientar seus irmãos.

Todos: Senhor, que nós sejamos luzes que levem todos até vós, que és a nossa *Luz*!

1º leitor: Eis agora as *flores*. Síntese da beleza. Sinal de alegria e de amor. É a natureza sorrindo, comunicando que além dos espinhos está a flor. Que além da morte existe a vida nova, a vitória e a paz.

Todos: Cremos que após esta vida nasceremos para a glória eterna no Cristo Ressuscitado.

2º leitor: Eis o *vinho*: Ele foi feito de muitos cachos de uva, cultivados, colhidos, esmagados e reduzidos à unidade. Vinho que comemora, vinho que alegra, é sinal de festa.

Todos: Vinho vermelho de sangue, sangue de tudo o que já sofremos; sangue da vida nova a correr em nossas veias. Vinho que o Senhor escolheu para se comunicar conosco no amor.

3º leitor: Eis o *pão ázimo*: Ele nos lembra da pressa com que o povo de Deus saiu do Egito. De muitas espigas, de muitos grãos triturados, esmagados e sem fermento. Foi Deus que tirou o povo da terra da escravidão. Não deu tempo para preparar um pão melhor e levedado. O pão eucarístico é o pão que Deus nos dá. Comendo-o lembramos nossa libertação.

Iniciação na fé – Preparação para a Primeira Eucaristia (catequizando)

Todos: O pão nosso de cada dia nos dai hoje, Senhor. E ajudai-nos a partilhar com nossos irmãos mais necessitados o nosso pão de cada dia. A partilhar, também, os nossos agasalhos, os nossos brinquedos... o nosso amor, a nossa amizade, o nosso carinho, a nossa alegria. A partilhar, também, a *sua Palavra*, a nossa fé... Jesus, pedimos que no dia da nossa *1ª Eucaristia* estejamos bem preparados e conscientes da sua presença real na *hóstia consagrada*.

Catequista: Oremos. Trouxemos, Senhor, as primícias da terra. Tudo isso faz parte de nosso hino de ação de graças, a *Eucaristia*. Entretanto, através de tudo isso, e mais que tudo isso, vos oferecemos Jesus Cristo, a oferta perfeita. Com Ele e nele nós nos oferecemos a vós para vossa glória. Contai também conosco, Senhor, na construção do homem novo e do mundo novo, segundo o vosso plano de amor. Isto vos ofertamos por Jesus Cristo, no Espírito Santo.

Todos: Amém[1].

- Rezemos, todos juntos, a oração que Jesus nos ensinou: O Pai-nosso.
- Agora, em sinal da nossa unidade, desejemos uns aos outros a paz de Cristo.
- Nesse momento, você vai receber um pedaço do pão ázimo. Aguarde enquanto todos recebem o pão, para depois comerem todos juntos. Em seguida, o catequista vai lhe servir o suco de uva, representando o vinho.
- Agora, faremos a partilha da Palavra de Deus.

Atividades

1) Para que aconteça a missa, antes é feita uma preparação com muito amor e carinho. Expresse com suas palavras como você se prepara para esse grande momento de ação de graças:

_____
_____
_____
_____

[1] Celebração adaptada do livro *Caminhamos nos sinais de Jesus Cristo*. Nery, Irmão, SSC & Jannotti, Lia D'Avila, SS, São Paulo: Paulinas, 1982, p. 154 a 156 [Coleção Meu Cristo amigo, 5].

Parte II – Os sacramentos

2) Por ocasião da Última Ceia, Jesus nos dá um novo mandamento. Decifre, por meio dos seguintes códigos, o que Jesus disse:

"_____ - _____ _____ _____ _____
 1 5 1 4   12 7 9   11 6 9   1 7 9   7 11 10 8 7 9

_____ _____   _____ _____ _____"
 1 9 9 4 5   2 7 5 7   3 11   12 7 9   1 5 3 4

Códigos:

    A = 1   M = 5   S = 9
    C = 2   N = 6   T = 10
    E = 3   O = 7   U = 11
    I = 4   R = 8   V = 12

Compromisso do encontro

1) Diante do que você aprendeu resuma, em poucas palavras, o que é Eucaristia:

_____
_____
_____
_____
_____
_____
_____
_____

2) Para melhor aproveitar a riqueza do momento de ação de graças, que vivemos durante a santa missa, propomos:

• Ao chegar à igreja, procure guardar silêncio para pensar em que precisa pedir perdão e o que precisa agradecer.

• Fique atento às leituras e procure guardar uma mensagem da homilia (sermão).

Iniciação na fé – Preparação para a Primeira Eucaristia (catequizando)

- No momento das preces, reze com fé junto com a comunidade.
- Valorize o momento da consagração, procurando não se distrair.

Diálogo com a família

Peça que seus pais lhe contem o que se lembram da catequese do seu tempo e do dia da 1ª comunhão deles. Depois pergunte-lhes qual a importância da missa dominical? Anote aqui o que eles disseram a você:

_____
_____
_____
_____
_____
_____
_____

6

Matrimônio, sacramento da aliança

MATRIMÔNIO

O matrimônio é o sacramento que une o homem e a mulher e lhes dá a graça de conviverem no amor verdadeiro e de educarem seus filhos na fé cristã. Este sacramento abençoa e santifica a família.

O matrimônio ou casamento cristão jamais pode ser dissolvido. "De modo que já não são dois, mas uma só carne. Portanto, o que Deus uniu, o homem não deve separar" (Mt 19,6).

Este sacramento representa a união misteriosa e santificante de Jesus com a Igreja. O amor do casal é abençoado por Deus e destinado a gerar filhos. "Deus os abençoou e lhes disse: 'Sede fecundos, multiplicai-vos, enchei a terra e submetei-a...'" (Gn 1,28).

Os anéis (símbolos da aliança) são sinais de fidelidade um ao outro durante toda a vida.

Os filhos são o dom maior do matrimônio. O lar cristão é o lugar onde os filhos recebem o primeiro anúncio da fé. Neste sentido, a tarefa fundamental do matrimônio e da família é o serviço à vida.

Em Cristo, o casal encontra a força e o amor para viver a missão que lhe foi confiada.

Celebração

• Você é convidado a auxiliar o catequista a organizar a encenação de um matrimônio ou casamento cristão. Participe!

• Após a encenação, haverá partilha da Palavra de Deus e você poderá fazer perguntas ao catequista para esclarecer suas dúvidas sobre o matrimônio.

Atividades

1) A Palavra de Deus que você refletiu e partilhou fez com que você entendesse melhor a responsabilidade do namoro e do casamento? Ajudou-o a descobrir o que é certo e o que é errado diante das atitudes do namoro e do casamento que as novelas apresentam?

_____
_____
_____
_____
_____
_____
_____
_____
_____

2) Algum tempo após o casamento de seus pais, Deus o chamou à vida, preparou um lar para o acolher, e hoje você faz parte desta família maravilhosa que tem como sobrenome:

_____

3) Na família aprendemos: partilhar, colaborar, compreender, perdoar, respeitar... Com a participação e união de todos no amor e no serviço, ela se torna um lar feliz. Dificilmente paramos para pensar como têm sido nossas atitudes diante da nossa família. Aproveite, então, este momento e assinale com um X as suas atitudes, procurando refletir em que você precisa melhorar:

Parte II – Os sacramentos

( ) Deixo minhas coisas jogadas pelo quarto ou pela casa.

( ) Mantenho sempre minhas coisas organizadas.

( ) Tenho preguiça de ajudar nos trabalhos quando minha mãe me pede.

( ) Procuro ajudar minha mãe, sempre que posso, mesmo que ela não me peça ajuda.

( ) Quando quero um presente insisto para meus pais comprarem, não me preocupando com a situação financeira.

( ) Ao pedir um presente, procuro não escolher algo caro, pois acredito que o melhor presente é o amor que recebo de meus pais

( ) Não gosto que meus pais chamem minha atenção.

( ) Gosto que meus pais apontem os meus erros, pois assim eu posso melhorar e eliminá-los e só fazer o que é certo.

( ) Dificilmente beijo meus pais.

( ) Gosto de beijar meus pais e fazer algo que os agrade, demonstrando o meu amor por eles.

( ) Sinto vergonha e não costumo pedir bênção a meus pais.

( ) Todos os dias peço bênção a meus pais; me sinto bem sendo abençoado(a) por eles.

( ) Dificilmente rezo pelos meus familiares.

( ) Nas minhas orações agradeço a Deus pela minha saúde e de meus irmãos, pelo emprego do meu pai, pelo carinho de minha mãe... Peço que Deus nos ajude sempre!

( ) Não tenho dado tanta importância ao diálogo com a família que consta neste livro. Às vezes, até esqueço de fazer.

( ) Gosto muito de fazer o diálogo com a família. Este momento é muito importante para nós. Tenho aprendido muito com meus pais.

( ) Não gosto de dividir ou emprestar minhas coisas para os meus irmãos.

( ) Costumo fazer minhas refeições assistindo TV.

( ) Sinto prazer em dividir ou emprestar o que tenho. Partilhar me traz alegria.

( ) Jamais troco um programa de TV pela companhia da minha família na hora da refeição. Em casa comemos todos juntos.

Diante das suas respostas às perguntas anteriores, pense: sou um bom filho? Em que preciso melhorar?

Conclusão pessoal:

_____
_____
_____
_____
_____
_____

Compromisso do encontro

1) Expresse, com suas palavras, que aprendizado você pôde tirar para sua vida em relação ao que foi explicado sobre o matrimônio:

_____
_____
_____
_____
_____
_____

2) A nossa família é o complemento de nós mesmos. Sem ela nos falta algo. Em nossa casa encontramos a verdadeira felicidade. Então propomos:

- Valorizar a família que Deus lhes deu.

Parte II – Os sacramentos

- Cumprir os deveres de filho, obedecendo e respeitando os pais.
- Não buscar a felicidade fora de casa, pois os pais são os melhores amigos dos filhos e as pessoas que os amam de verdade.

Diálogo com a família

Conte para seus pais como foi seu encontro de catequese. Depois, pergunte-lhes: O que é preciso para ser feliz no casamento?

_____
_____
_____
_____

Que mensagem eles gostariam de oferecer às outras famílias?

Anote aqui a mensagem deles e leia-a no próximo encontro de catequese:

_____
_____
_____
_____
_____
_____
_____

7

Ordem, sinal do Bom Pastor

ORDEM SACERDOTAL

Ordem é o sacramento que permite que a missão confiada a Cristo e seus apóstolos continue sendo exercida na Igreja até o fim dos tempos.

Pelo Sacramento da Ordem, aquele que é chamado por Deus ao sacerdócio, ou seja, para ser padre, torna-se uma só pessoa com Jesus Cristo, cabeça da Igreja.

A missão do padre é servir a comunidade em nome e na pessoa de Jesus, sendo mestre, pastor e sacerdote. Mestre, pois ensina e anuncia com autoridade a Palavra de Deus. Como pastor deve conduzir a comunidade, organizando e orientando os trabalhos pastorais. Como sacerdote ele preside as celebrações dos mistérios da salvação, os sacramentos. A missão principal do padre é celebrar a Eucaristia.

Foi na Última Ceia que Jesus instituiu o sacerdócio. Tomando o pão e o vinho em suas mãos, consagrou-os e disse: "Fazei isto em memória de mim". Conferiu, assim, aos apóstolos e a todos os seus sucessores, o sacerdócio. Após a sua ressurreição, deu-lhes o poder de perdoar os pecados, de batizar a todos e de continuar no mundo a missão que Ele iniciou.

Parte II – Os sacramentos

O Sacramento da Ordem tem três níveis: episcopado (bispos), presbiterato (padres) e diaconato (diáconos). O bispo é o pastor da Igreja; os padres, seus colaboradores imediatos; e os diáconos são ministros ordenados para as tarefas de serviço da Igreja.

Saibamos amá-los, ouvi-los e respeitá-los, pois eles são, para nós, representantes de Jesus, o sacerdote por excelência.

Celebração

• Com atenção, ouça o que Jesus nos diz no evangelho narrado por Mateus 9,36-37.

• Em seguida, haverá reflexão e partilha da Palavra de Deus.

Atividades

1) Depois da partilha, anote o que você procura pôr em prática diante de tudo o que seus pais, o padre, o catequista... lhe ensinam:

_____
_____
_____
_____

2) Para fazer a cruzadinha, complete as lacunas das seguintes frases, consultando o texto inicial:

Iniciação na fé – Preparação para a Primeira Eucaristia (catequizando)

1) O _____ é o pastor da Igreja.

2) Jesus Cristo é a cabeça da _____.

3) O _____ é ministro ordenado para as tarefas de serviço da Igreja.

4) A missão principal do padre é celebrar a _____.

5) Jesus deu-lhes o _____ de perdoar os pecados, batizar a todos e de continuar no mundo a missão que Ele iniciou.

6) É reconhecido pela Igreja como presbítero, mas costumamos chamá-lo carinhosamente de _____ ou sacerdote.

7) _____ é o sacramento que permite que a missão de Jesus e seus apóstolos continue sendo exercida na Igreja até o fim dos tempos.

8) _____, quando ensina e anuncia com autoridade a Palavra de Deus.

9) _____ é o sacerdote por excelência.

3) O sacerdote ou padre é uma pessoa importante para o povo de Deus. Com a ajuda de seu catequista, anote quais as atividades dele na sua comunidade:

_____
_____
_____
_____

4) Com suas próprias palavras, faça uma oração pedindo a Deus que envie mais padres para a Igreja, justificando por que é necessário:

_____
_____
_____
_____

5) Encerrar este encontro, cantando com alegria a música *A barca*. Ela nos fala do chamado que Jesus fez aos seus quatro primeiros discípulos, que se encontravam em seus barcos, com suas redes, pescando. Eles deixaram tudo e o seguiram.

Parte II – Os sacramentos

Música: A barca (Cesário Gabarin)

>Tu te abeiraste da praia, não buscaste nem sábios nem ricos, Somente queres que eu te siga.
>
>*Senhor, tu me olhastes nos olhos, a sorrir pronunciastes meu nome lá na praia, eu larguei o meu barco, junto a ti buscarei outro mar.*
>
>Tu sabes bem que em meu barco eu não tenho nem ouro nem espadas. Somente redes e o meu trabalho.
>
>Tu, minhas mãos solicitas, meu cansaço que a outros descanse; amor que almejas seguir amando.
>
>Tu, pescador de outros lagos, ânsia eterna de almas que esperam; bondoso amigo que assim me chamas.

Compromisso do encontro

1) Anote, resumidamente, o que você aprendeu sobre o Sacramento da Ordem ou sacerdócio:

_____
_____
_____
_____
_____

2) O padre representa Jesus na comunidade. Propomos:

• No próximo domingo, participe da santa missa, prestando bastante atenção na homilia (sermão).

• Reflita no que o padre falou e anote, resumidamente, qual foi o ensinamento que você tirou para a sua vida.

_____
_____
_____
_____
_____
_____
_____

Diálogo com a família

Converse com seus pais sobre a importância do padre em sua comunidade.

Em seguida, anote algo que você, catequizando, gostaria de dizer ao padre da sua comunidade:

_____
_____
_____
_____
_____
_____
_____
_____

8

Unção dos Enfermos, sacramento de salvação

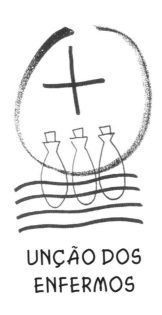

A Unção dos Enfermos é o sacramento que os cristãos recebem quando aparece uma doença grave ou quando a pessoa se torna idosa.

Este sacramento é para o alívio do sofrimento, o perdão dos pecados, a salvação do corpo e da alma e a cura física, se for da vontade de Deus. Renova a confiança e a fé nele.

Pela graça deste sacramento o doente recebe a força do Espírito Santo e o dom de unir-se mais à paixão de Cristo, que salvou o mundo pela cruz.

"Curai os doentes" (Mt 10,8). Esta é a missão da Igreja, que crê que o Cristo é o médico do corpo e da alma.

A celebração da Unção dos Enfermos consiste na unção da fronte e das mãos do doente com óleo sagrado, acompanhada da oração do padre, que pede a graça que este sacramento oferece.

Aos que estão para deixar esta vida, a Igreja oferece, também, a Eucaristia, como alimento para a última viagem.

Iniciação na fé – Preparação para a Primeira Eucaristia (catequizando)

Celebração

– Fique atento à proclamação da Carta de São Tiago 5,14-15. Logo após, haverá reflexão e partilha da Palavra de Deus.

Atividades

1) Após a partilha, anote o que você faz quando sabe que algum(a) amigo(a) ou parente está doente:

_____

_____

_____

_____

2) Neste momento, dois colegas do seu grupo de catequese irão encenar o seguinte diálogo. Preste muita atenção!

Diálogo

– Oi Alice, tudo bem? (aperto de mão).

– Tudo bem, Pedro!

– Alice, eu estou com uma dúvida: é possível a gente nunca ficar doente?

– Não cabe a nós escolhermos. Quem sabe o que é melhor para nós é Deus.

– Mas, se Deus quer o melhor para nós por que Ele permite a doença?

– Sabe, Pedro, a doença é consequência de muitas situações de pecado causadas pelo homem.

– Como assim?

– Veja como está a natureza hoje! Toda poluída e a água cada vez mais contaminada pelas fábricas que jogam produtos químicos nos rios. Os alimentos que comemos contendo cada vez mais agrotóxicos e conservantes; e tantas outras coisas existem hoje, que nos impedem de termos uma vida totalmente saudável.

– É por isso que ficamos doentes?

– Isto contribui, Pedro. Outra coisa que também causa doença em nós é o nosso próprio pecado. Por exemplo, a falta de perdão. Se eu tenho raiva de alguém e não consigo perdoar essa pessoa, o meu coração vai ficando sem paz, muito triste. E a infelicidade nos envelhece, nos tira o apetite, nos deixando, muitas vezes, doentes. Por isso, é muito importante amar as pessoas e estar sempre bem com todos, pois a paz em nosso coração é também sinal de saúde.

– Sabe, Alice, eu nunca tinha parado para pensar nestas coisas!

Parte II – Os sacramentos

– Mas, Jesus pensou por nós, Pedro! Deixou o dom das curas físicas aos cuidados da medicina. Para a cura da alma e para nos animar na fé e na esperança, deixou-nos os sacramentos, especialmente a Eucaristia, que é o maior sinal do seu amor por nós.

– Alice, como Jesus é maravilhoso! Agora entendo a passagem do Evangelho que diz: "Ele levou nossas enfermidades e carregou nossas doenças" (Mt 8,17). Maior que o pecado e a doença é seu amor e misericórdia para conosco!

– É isso mesmo, Pedro! Jamais podemos desanimar. A doença é uma coisa ruim. Mas, do mesmo modo que Jesus transformou a cruz em sinal de salvação, assim também a doença pode se tornar um momento de um encontro mais profundo com Deus. Algumas pessoas se revoltam; outras se unem mais ainda a Jesus.

– Alice! Você é uma bênção de Deus para mim, sabia?!

– Você também, Pedro! Até mais! (aperto de mão).

Após a encenação do diálogo, responda as seguintes perguntas:

a) Que devemos fazer para prevenir doenças físicas?

_____
_____
_____
_____

b) O sentimento de culpa nos causa doença. O que devemos fazer para evitá-lo?

_____
_____
_____
_____

c) Ao ficarmos doentes, ao invés de revolta ou reclamação, qual deve ser a nossa atitude?

_____
_____
_____
_____

d) Para a cura física Jesus nos deixou a medicina. E para a cura da alma, o que Ele nos deixou?

_____
_____
_____
_____

3) *Cartão de visita*: Pesquise na Bíblia, no livro dos Salmos, uma mensagem de ânimo e confeccione um cartão com ela, enfeitando-o com desenhos ou colagem de figuras. Mostre-o aos seus colegas e descubram quais as mensagens semelhantes e diferentes encontradas em seu grupo de catequese.

Compromisso do encontro

1) Anote o que você aprendeu em relação ao sacramento da Unção dos Enfermos:

_____
_____
_____
_____

2) Ao visitarmos alguém doente, praticamos uma boa ação. Propomos:

• Visite alguma pessoa doente ou idosa e leve, como presente, o cartão confeccionado no encontro.

• *Sugestão*: Se você tiver no jardim ou quintal de sua casa alguma flor, leve-a também a essa pessoa.

• No próximo encontro, conte-nos o que você sentiu nessa visita.

Diálogo com a família

Peça que seus pais lhe contem alguma experiência relacionada à doença, que os levou a se aproximar mais de Deus.

Partilhem, também, a seguinte pergunta, anotando a resposta:

Parte II – Os sacramentos

Vocês sentem medo do sofrimento ou a confiança em Deus faz com que o aceitem e o enfrentem sem medo?

_____
_____
_____
_____

9

Penitência, a conversão contínua

PENITÊNCIA

A penitência ou confissão é o sacramento instituído por Jesus Cristo para perdoar os pecados cometidos depois do batismo. O exame sério de consciência nos faz descobrir os nossos pecados e a dureza do nosso coração.

Jesus deixou aos apóstolos e seus sucessores a mesma autoridade que recebera de Deus Pai, constituindo-os ministros do perdão e da reconciliação.

Para que possamos ser perdoados é preciso confessar, ou seja, contar os nossos pecados ao sacerdote para recebermos o perdão (absolvição).

Mas, por que confessar ao padre? Porque ele, como representante da Igreja e da comunidade diante de Deus, nos absolve em nome do Pai, do Filho e do Espírito Santo. Pois os nossos pecados não atingem diretamente a Deus, mas obscurecem a imagem e a semelhança de Deus presente em cada um de nós, quebrando a harmonia e deixando a comunidade mais fraca. O nosso pecado é sempre um pecado contra a Igreja.

O sacerdote é o médico da alma. Confessamos todos os nossos pecados para sermos curados, e, assim, reconquistarmos a nossa alegria e paz interior. Entretanto, é necessário o arrependimento verdadeiro das nossas faltas e o propósito de não mais pecar.

Depois da confissão, o padre nos dá também uma penitência, que é a proposta de uma atitude concreta que devemos realizar e mostrar a nossa vontade para restaurarmos aquilo que o nosso pecado estragou.

Se dissermos: "Não temos pecado, enganamo-nos a nós mesmos e a verdade não está em nós. Se confessarmos nossos pecados, Ele, que é fiel e justo, perdoará nossos pecados e nos purificará de toda injustiça" (1Jo 1,8-9).

Celebração

- Ouça, atentamente, o que Jesus nos ensina no evangelho narrado por Lucas 15,11-32.
- A seguir, haverá reflexão e partilha da Palavra de Deus.

Atividades

1) Partilhe alguma experiência em que você reconheceu o seu erro e pediu perdão a alguém. Conte como foi a reação dessa pessoa e como você se sentiu:

_____
_____
_____
_____

2) Pesquise em sua Bíblia Jo 20,23, e copie o que Jesus disse aos discípulos quando instituiu o Sacramento da Penitência ou Confissão:

_____
_____
_____
_____

3) Antes da confissão, é preciso fazer um bom exame de consciência, que o ajudará a enxergar os seus pecados. Diante dos dez mandamentos, elabore perguntas que você deve fazer a si mesmo em relação as suas atitudes do dia a dia, examinando sua consciência para você perceber se está ou não cumprindo a vontade de Deus:

4) Ao receber o Sacramento da Penitência o padre o absolve em nome e pelo poder de Deus e o convida a rezar o Ato de contrição, que é uma maneira de dizer a Deus o quanto você está arrependido e de manifestar o seu desejo de não mais pecar, pedindo, nesse momento, a ajuda dele neste propósito. Copie, procurando entender o significado das palavras e rezem, todos juntos, o Ato de contrição:

Compromisso do encontro

1) Anote, resumidamente, o que você aprendeu sobre o sacramento da penitência ou confissão:

Parte II – Os sacramentos

2) O pecado nos afasta de Deus. O arrependimento e a confissão sincera do pecado fazem com que Ele, que é um Pai bondoso e misericordioso, nos acolha como filhos e nos dê uma paz que nunca antes conhecemos. Propomos:

• Durante a semana, prepare-se para a sua primeira confissão fazendo, novamente, um exame de consciência (verificar a sugestão que se encontra no final do livro).

• Após reconhecer os seus pecados é importante fazer uma oração espontânea, pedindo perdão a Deus:

_____
_____
_____
_____
_____
_____
_____

• Pedir perdão a alguém que você ofendeu.
• Perdoar de coração as pessoas que o ofenderam.

Diálogo com a família

Converse com seus pais sobre o que você aprendeu em relação ao Sacramento da Penitência.

Pergunte-lhes que importância tem este sacramento na vida deles. E como eles se sentem após a confissão.

Anote as respostas:

_____
_____
_____
_____
_____
_____
_____

PARTE III

Conhecimentos importantes para crescer na fé

Diversos

Sinal da cruz

Pelo sinal da santa cruz, livrai-nos, Deus nosso Senhor, dos nossos inimigos. Em nome do Pai, do Filho e do Espírito Santo. Amém.

Credo

Creio em Deus Pai todo-poderoso, criador do céu e da terra; e em Jesus Cristo, seu único Filho, nosso Senhor; que foi concebido pelo poder do Espírito Santo; nasceu da Virgem Maria, padeceu sob Pôncio Pilatos, foi crucificado, morto e sepultado; desceu à mansão dos mortos; ressuscitou ao terceiro dia; subiu aos céus, está sentado à direita de Deus Pai todo-poderoso, donde há de vir a julgar os vivos e os mortos; creio no Espírito Santo, na santa Igreja católica, na comunhão dos santos, na remissão dos pecados, na ressurreição da carne, na vida eterna. Amém.

Pai-nosso

Pai nosso que estais nos céus, santificado seja o vosso nome; venha a nós o vosso reino, seja feita a vossa vontade, assim na terra como no céu. O pão nosso de cada dia nos dai hoje; perdoai-nos as nossas ofensas, assim como nós perdoamos a quem nos tem ofendido, e não nos deixeis cair em tentação, mas livrai-nos do mal. Amém.

Ave-Maria

Ave Maria, cheia de graça, o Senhor é convosco; bendita sois vós entre as mulheres e bendito é o fruto do vosso ventre, Jesus. Santa Maria, Mãe de Deus; rogai por nós, pecadores, agora e na hora de nossa morte. Amém.

Glória ao Pai

Glória ao Pai, ao Filho e ao Espírito Santo. Como era no princípio, agora e sempre. Amém.

Oração ao Espírito Santo

Vinde, Espírito Santo, enchei os corações dos vossos fiéis e acendei neles o fogo do vosso amor. Enviai o vosso Espírito e tudo será criado. E renovareis a face da terra.

Oremos: Ó Deus que instruístes os corações dos vossos fiéis com a luz do Espírito Santo, fazei que apreciemos retamente todas as coisas segundo o mesmo Espírito e gozemos sempre de sua consolação. Por Cristo Senhor Nosso. Amém.

Ato de contrição

Meu Deus, eu me arrependo de todo coração de vos ter ofendido, porque sois bom e amável. Prometo, com a vossa graça, nunca mais pecar. Meu Jesus, misericórdia!

Os dez mandamentos da lei de Deus

1º) Amar a Deus sobre todas as coisas.

2º) Não tomar seu santo nome em vão.

3º) Guardar domingos e festas de guarda.

4º) Honrar pai e mãe.

5º) Não matar.

6º) Não pecar contra a castidade.

7º) Não furtar.

8º) Não levantar falso testemunho.

9º) Não desejar a mulher do próximo.

10º) Não cobiçar as coisas alheias.

Os mandamentos da Igreja

1º) Participar da missa inteira nos domingos e festas de guarda.

2º) Confessar-se ao menos uma vez cada ano.

3º) Comungar ao menos pela Páscoa da Ressurreição.

4º) Jejuar e abster-se de carne quando manda a Santa Madre Igreja.

5º) Pagar o dízimo segundo o costume.

Parte III – Conhecimentos importantes para crescer na fé

Os sete sacramentos

1º) Batismo

2º) Confirmação ou crisma

3º) Eucaristia

4º) Penitência ou confissão

5º) Unção dos enfermos

6º) Ordem ou sacerdócio

7º) Matrimônio

Obras de misericórdia

Corporais

- Dar de comer a quem tem fome.
- Dar de beber a quem tem sede.
- Vestir os nus.
- Dar pousada aos sem-teto.
- Visitar os enfermos.
- Remir os cativos.
- Enterrar os mortos.

Espirituais

- Ensinar os ignorantes.
- Dar bons conselhos.
- Repreender os que erram.
- Sofrer com paciência as fraquezas do próximo.
- Perdoar as injúrias.
- Consolar os aflitos.
- Rogar a Deus pelos vivos e pelos mortos.

As virtudes cardeais

- A prudência.

- A justiça.
- A fortaleza.
- A temperança.

As virtudes teologais

- A fé.
- A esperança.
- A caridade.

Os pecados capitais

- O orgulho.
- A avareza.
- A inveja.
- A ira.
- A impureza.
- A gula.
- A preguiça.

Os pecados que bradam ao céu

- Homicídio voluntário.
- Pecado sensual contra a natureza.
- Oprimir os pobres, órfãos e viúvas.
- Negar o salário aos que trabalham.

Sugestão para fazer exame de consciência

1º mandamento: Amar a Deus sobre todas as coisas. Deixei de rezar ao me deitar e ao me levantar por preguiça? Tive vergonha da minha religião? Duvidei de alguma verdade da minha fé? Acreditei em feiticeiros, benzedores, espíritas, cartomantes ou em coisas supersticiosas? Amei a Deus sobre todas as coisas?

2º mandamento: Não tomar seu santo nome em vão. Falei o nome de Deus, de Nossa Senhora ou dos santos sem necessidade, faltando com o respeito? Jurei à toa ou jurei em falso? Roguei alguma praga?

3º mandamento: Guardar domingos e festas de guarda. Faltei à missa nos domingos e dias santos, sem motivo? Faltei com respeito na igreja: rindo, conversando ou brincando? Trabalhei nos domingos e dias santos sem necessidade?

4º mandamento: Honrar pai e mãe. Desobedeci, maltratei ou desrespeitei meus pais ou superiores? Desejei algum mal a eles? Zombei de pessoas idosas, pobres ou defeituosas?

5º mandamento: Não matar. Corri risco de vida sem necessidade? Fui guloso? Tive raiva? Falei mal dos outros? Briguei? Bati neles? Desejei mal aos outros? Levei outros a pecar, dando mau exemplo? Estou de mal com alguém? Matei ou maltratei algum animal? Xinguei? Falei palavrões?

6º mandamento: Não pecar contra a castidade. *9º mandamento*: Não desejar a mulher do próximo. Desejei ver, ler ou fazer coisas desonestas? Pensei ou conversei sobre coisas impuras? Respeitei o meu corpo e o corpo dos outros?

7º mandamento: Não furtar. *10º mandamento*: Não cobiçar as coisas alheias. Furtei dinheiro ou outras coisas dos meus pais? Aceitei ou comprei coisas furtadas? Furtei ou estraguei alguma coisa dos outros? Tive vontade de furtar? Sujei ou pixei muros, casas ou calçadas? Fui egoísta, injusto ou invejoso?

8º mandamento: Não levantar falso testemunho. Menti? Prejudiquei a outros por mentira? Falei dos pecados dos outros sem necessidade? Exagerei com as faltas do próximo? Inventei coisas sobre os outros? Fiz fofoca? Falei mal dos outros?

Observações:

1) Procure lembrar-se de todos os seus pecados.

2) Confesse ao padre todos os seus pecados e não esconda nenhum, porque o padre está representando Jesus e para Jesus nós não podemos mentir, pois Ele conhece todos os nossos pensamentos.

3) Para que Jesus o perdoe você precisa perdoar, também, as pessoas que o ofenderam.

4) Jesus está sempre pronto a lhes perdoar, mas para ganhar o perdão de Jesus é preciso estar *arrependido* de todos os pecados cometidos e disposto a mudar de vida, tornando-se uma pessoa cada dia melhor.

Carta conclusiva

Querido catequizando!

Você está concluindo uma etapa muito importante de sua vida, que é a preparação da Primeira Eucaristia. Durante este ano, além da sua presença aos domingos na santa missa, houve algumas celebrações na Igreja. Nestas celebrações você recebeu a Palavra de Deus, o seu nome foi inscrito no livro da vida, ou seja, na palma da mão de Deus, você foi marcado com o sinal da cruz, recebeu a luz de Jesus Cristo, no dia (ou próximo) da Primeira Eucaristia renovará as promessas do batismo. Em cada uma destas celebrações, você pôde conhecer um pouco do mistério da grande riqueza que é a vida nova do batismo. A escuta da Palavra mudou sua vida. Você faz parte do povo da Bíblia e é chamado para ser luz no mundo e na sua casa. Então, você pode assumir o compromisso do seu batismo.

Para que esta luz brilhe, você precisa da Eucaristia. "Sem mim, nada podeis", diz Jesus. Quando Ele nos pede para participarmos todo domingo da Eucaristia, Ele não pede uma coisa supérflua. A Eucaristia é o centro da nossa vida cristã e da comunidade.

Parabéns a você e sua família, pela caminhada já feita. Somos felizes porque a Igreja pode contar ainda mais com vocês, cristãos verdadeiros, fazendo parte da comunidade.

Pe. Paulo e equipe

Bibliografia

ARQUIDIOCESE DE FLORIANÓPOLIS. *Jesus e nós na Eucaristia.* Petrópolis: Vozes, 1995, 41. ed. [Colaboração: Clero e catequistas de 1ª Eucaristia].

Bíblia de Jerusalém. São Paulo: Paulus, 1996.

Catecismo da Igreja Católica. Petrópolis: Vozes, 1993.

CENTRO CATEQUÉTICO DIOCESANO (Diocese de Osasco). *Fé, vida, comunidade* – Livro do catequista. 2. ed. São Paulo: Paulus, 1994. [Coordenação: Ir. Mary Donzellini].

ESTAL, Maria Alice M. Del & CRUZ, Terezinha Mota Lima da. *Irmãos a caminho.* 3. ed. São Paulo: FTD, 1993.

HAENRAETS, Pe. Paulo. *Iniciação na fé* – Um caminho para a catequese familiar.

NERY, Irmão, SSC & JANNOTTI, Lia D'Avila, SS. *Caminhamos nos "sinais" de Jesus Cristo.* São Paulo: Paulinas, 1982 [Coleção Meu Cristo amigo, 5].

STORNIOLO, Ivo & BORTOLINI, José. *Bíblia na Escola*: Deus dá vida e liberdade. São Paulo: Paulus, 1993 [1ª série].

Conecte-se conosco:

- facebook.com/editoravozes
- @editoravozes
- @editora_vozes
- youtube.com/editoravozes
- +55 24 2233-9033

www.vozes.com.br

Conheça nossas lojas:
www.livrariavozes.com.br

Belo Horizonte – Brasília – Campinas – Cuiabá – Curitiba
Fortaleza – Juiz de Fora – Petrópolis – Recife – São Paulo

EDITORA VOZES LTDA.
Rua Frei Luís, 100 – Centro – Cep 25689-900 – Petrópolis, RJ
Tel.: (24) 2233-9000 – E-mail: vendas@vozes.com.br